Birgit Brandenburg

Geometrie: So geht's

1. bis 4. Schuljahr

Impressum

Titel: *Geometrie: So geht's*
1. bis 4. Schuljahr

Autorin: Birgit Brandenburg

Druck: Druckerei Uwe Nolte, Iserlohn

Verlag: *Verlag an der Ruhr*
Postfach 10 22 51
45422 Mülheim an der Ruhr
Alexanderstraße 54
45472 Mülheim an der Ruhr
Tel. 02 08 – 43 95 40
Fax 02 08 – 439 54 39
E-Mail: info@verlagruhr.de
www.verlagruhr.de

ISBN 3-86072-638-2
© Verlag an der Ruhr 2001

*Die Schreibweise der Texte folgt
der reformierten Rechtschreibung.*

**Ein weiterer
Beitrag zum
Umweltschutz:**

*Das Papier, auf das
dieser Titel gedruckt ist, hat
ca.* **50% Altpapieranteil,**
der Rest sind **chlorfrei**
gebleichte Primärfasern.

Alle Vervielfältigungsrechte außerhalb
der durch die Gesetzgebung eng gesteckten
Grenzen (z.B. für das Fotokopieren) liegen
beim Verlag.

Inhalt

4 **Vorwort**

Flächen

6 Die Flachland-Bewohner
7 Der Bürgermeister vom Flachland
8 Wie heißen die Flachland-Bewohner?
9 Geodomino (Flächen)
10 Kennst du alle Flachland-Bewohner?
11 Flächen, wohin du schaust!
12 Figuren legen (1)
13 Figuren legen (2)
14 Figuren mit Flächen auslegen
15 Flächen zerlegen
16 Adlerauge
17 Quadrate-Puzzle
18 Tolle Quadrate
19 Clowns-Zauberei
20 Geobrett (1)
21 Geobrett (2)
22 Figuren vergrößern
23 Figuren verkleinern
24 Flächen ausmessen
25 Quadratmeter
26 Quadratmeter für Profis
27 Messen mit Streichhölzern
28 Flächen-Umfang
29 Umfangberechnungen für Profis
30 Figuren-Puzzle

Körper

31 Die Bewohner aus dem Körperland
32 Die Bürgermeister vom Körperland
33 Jede Menge Körper
34 Kennst du die Körper?
35 Geodomino (Körper)
36 Körper in deiner Umgebung
37 Für Körper-Forscher
38 Vorsicht Glas!
39 Ecken-Flächen-Kanten
40 Körper-Rätsel
41 Netze, Einkaufsnetze, Fischernetze???
42 Körper-Netze
43 Würfeleien
44 Dem Würfelnetz auf der Spur
45 Würfelbauten
46 Würfel zeichnen
47 Würfel flicken
48 Baukünstler
49 Würfel-Kipp-Spiel
50 Kipp-Spiel für Profis
51 Ein Körper mit dem Namen Quader
52 Schachtel-Kipp-Spiel
53 Quader-Netze
54 Schachtelknobeleien für Tüftler (1)
55 Schachtelknobeleien für Tüftler (2)

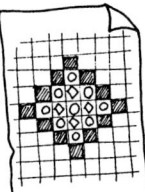

Parkettierungen/Muster

56 Muster-Bilder
57 Jede Menge Muster
58 Muster entdecken (1)
59 Muster entdecken (2)
60 Muster entdecken (3)
61 Würfel-Puzzle
62 Musterkünstler

63 **Tests**
63 Für Flächendetektive (1)
64 Für Flächendetektive (2)
65 Für Körperdetektive (1)
66 Für Körperdetektive (2)

67 **Lösungen**
69 **Literatur und mehr**

Vorwort

*Liebe Kollegin,
lieber Kollege,*

ach ja – die **Geometrie!** Den Seufzer kennt jeder, der Mathematik unterrichtet, um gleich das Argument hinterherzuschieben: „Leider bleibt mir zu wenig Zeit im Unterricht für geometrische Themen." Ist das wirklich der Grund?
Traditionell behandeln Lehrer* algebraische Themen ausgiebig, so dass keine Zeit für die Geometrie bleibt. Gerade in der Grundschule steckt häufig die Angst des Lehrers dahinter, den Kindern zu wenig Grundlagen in den vier Grundrechenarten mit auf den Weg in die weiterführenden Schulen zu geben. Zudem bieten die Mathematikbücher zwar geometrische Themen an, reduzieren aber die notwendigen Übungen auf weniger als ein Minimum. Inhaltlich sind die Kinder selbst damit noch unterfordert. Daher müssen zusätzliche Arbeits- und Übungsblätter angeboten werden. D.h. für den Lehrer, dass der Bereich Geometrie arbeitsaufwendiger und umständlicher in der Vorbereitung ist. Dabei werden geometrische Themen heute noch vielfach unterschätzt. Erfahrungsgemäß zeigen gerade die in der Algebra lernschwachen Kinder hier ihre Stärken. Geometrische Unterrichtsinhalte machen den Kindern Spaß und unterstützen eine positive Einstellung zur Mathematik.

Das Thema Geometrie lässt sich in **drei grundlegende Themenbereiche** einteilen, die in diesem Titel durch folgende Symbole auf den jeweiligen Seiten übersichtlich gekennzeichnet sind:

Flächen

Körper

Parkettierungen/ Muster

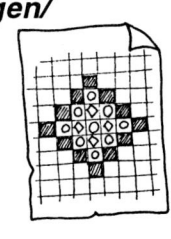

Zur Entwicklung der Raumvorstellung bei den Kindern bildet zunächst der **Umgang mit Flächen** eine wichtige Grundlage. Anhand der vier Grundformen Kreis, Quadrat, Rechteck und Dreieck lernen sie geometrische Grundbegriffe, Eigenschaften und Größenbeziehungen kennen. Sie entdecken Flächen in Figuren, legen Figuren mit Flächen aus, bestimmen die Anzahl der Flächen in Bildern, bilden Quadrate aus Puzzleteilen, spielen mit Flächen und stellen einfache Berechungen zu Inhalt und Umfang an. Die Behandlung des Themas Flächen erfolgt kleinschrittig, spielerisch und spiralförmig.

Bei der Unterstützung des räumlichen Wahrnehmungs- und Vorstellungsvermögens steht das **Kennenlernen der Körper** Würfel und Quader im Vordergrund. Um dem Rechnung zu tragen, setzen sich die Kinder durch umfangreiche Übungen intensiv damit auseinander. Sie bauen Würfel und Quader, erstellen Zeichnungen, verfolgen Kippbewegungen, zählen an Würfelgebilden, bauen dreidimensional und

---

* Aus Gründen der besseren Lesbarkeit haben wir in diesem Buch durchgehend die männliche Form verwendet. Natürlich sind damit auch immer Frauen und Mädchen gemeint, also die Lehrerinnen, Schülerinnen etc.

Vorwort

ordnen Würfel- und Quadernetze nach Realisierbarkeit. Anhand weiterer Körper lernen sie zu Beginn geometrische Grundbegriffe wie Ecke, Kante und Fläche kennen, bekommen Grundeigenschaften aufgezeigt und erhalten ein differenziertes Bild von Körpern, Glaskörpern und Körpernetzen.

Parkettierungen begegnen den Kindern häufig in der Umwelt in Fliesenböden, Mosaiken, Pflasterungen auf Gehwegen und Straßen. Die Kinder malen von sich aus gerne Muster, spielen gerne mit Puzzleteilen und Legespielen. Diese Vorlieben werden damit im Mathematikunterricht aufgegriffen und in „mathematische Bahnen" gelenkt. Zu Beginn steht das Weiterführen von Mustern in Form und Farbe nach bestimmten Regeln. Leider lassen es die Mathematikbücher mit diesen Übungen bewenden. Der künstlerische bzw. der ästhetische Aspekt kommt zu kurz. Künstler haben mit geometrischen Flächen Kunstwerke geschaffen. Allen voran ist der Holländer Maurits Escher zu nennen. Die Einbeziehung Eschers in den Mathematikunterricht führt damit in den ästhetischen Aspekt des Themas. Eine Fortführung im Kunstunterricht bietet sich an und fördert Phantasie und Kreativität.

Die Arbeitblätter der genannten Themen können, je nach Leistungsstand der Kinder, in den Klassen 1–4 eingesetzt werden.
Die einzelnen Arbeitsblätter lassen sich grob folgenden **Klassenstufen** zuordnen:

Flächen
ab Klasse 1/Klasse 2:
— Seite 6 bis Seite 14
ab Klasse 3/Klasse 4:
— Seite 15 bis Seite 30

Körper
ab Klasse 3:
— Seite 31 bis Seite 38
ab Klasse 4:
— Seite 39 bis Seite 55

Parkettierungen/Muster
ab Klasse 2:
— Seite 56 bis Seite 57
ab Klasse 3/Klasse 4:
— Seite 58 bis Seite 62

Diese Zuordnung soll lediglich als Richtwert dienen und hat keine Allgemeingültigkeit. Im Endeffekt müssen Sie entscheiden, welche Auswahl der Arbeitsblätter dem Leistungs- und Wissensstand der Kinder angemessen ist.

Um Ihnen auch hier eine kleine Hilfe zu bieten, haben wir die einzelnen Arbeitsblätter je nach Schwierigkeitsgrad in folgende Kategorien eingeteilt und mit entsprechenden Symbolen versehen:

Leicht

Mittel

Schwer

Auch hier handelt es sich nur um einen Richtwert, der Ihnen als Orientierungshilfe dienen soll.

Einen Mathematikunterricht mit Ecken und Kanten (aber ohne Stolpersteine) wünscht Ihnen

Birgit Brandenburg

Die Flachland-Bewohner

*Die Bewohner des Flachlandes heißen „Flächen".
Hier stellen sie sich selbst vor:*

Ich heiße **Quadrat**.
Ich habe 4 Ecken
und 4 Seiten.
Meine Seiten sind alle
gleich lang.
Ich bleibe auch ein Quadrat,
wenn ich kreuz und quer
stehe.
Und ich bin auch in ganz
Klein ein Quadrat.

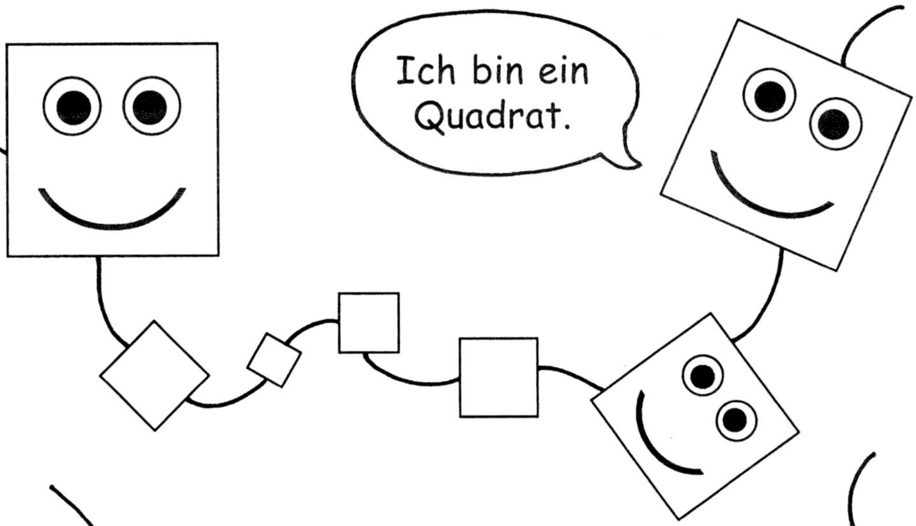

Ich bin ein Quadrat.

Ich bin das **Rechteck**.
Ich habe 4 Ecken
und 4 Seiten.
Meine gegenüberliegenden
Seiten sind immer gleich
lang.

Wir sind auch Rechtecke.

Mich nennt man **Dreieck**.
Ich habe 3 Ecken
und 3 Seiten.

Wir sind alle Dreiecke.

Ich heiße **Kreis**.
Ich habe keine Ecken
und keine Seiten.
Ich bin rund.

Wir sind die Kreis-Familie.

Geometrie: So geht's

Der Bürgermeister vom Flachland

 Male die Flächen so an:
Dreiecke: *rot*
Kreise: *blau*
Quadrate: *grün*
Rechtecke: *gelb*

Geometrie:  So geht's

Wie heißen die Flachland-Bewohner?

 Kreise die richtigen Namen ein.

▨ (Quadrat)	Dreieck	Quadrat	Rechteck
▬ (Rechteck)	Dreieck	Rechteck	Quadrat
● (Kreis)	Kreis	Dreieck	Rechteck
▲ (Dreieck)	Quadrat	Rechteck	Dreieck
◣ (Dreieck)	Kreis	Dreieck	Rechteck
▯ (Rechteck)	Quadrat	Rechteck	Dreieck
◆ (Raute/Quadrat)	Rechteck	Dreieck	Quadrat
● (Kreis)	Quadrat	Rechteck	Kreis

Geometrie:

Geodomino (Flächen)

 Schneide die Kärtchen aus.
Dann kannst du Domino damit spielen.

◯	Dreieck	△	Kreis	◯	Rechteck
▭	Quadrat	◻	Kreis	◯	Rechteck
▭	Rechteck	▭	Quadrat	◻	Quadrat
◻	Dreieck	△	Kreis	◯	Kreis
◯	Quadrat	◻	Dreieck	△	Dreieck
△	Rechteck	▭	Quadrat	◻	Quadrat
◻	Kreis	◯	Kreis	◯	Dreieck
△	Rechteck	▭	Quadrat	◻	Kreis

Geometrie:  So geht's

Kennst du alle Flachland-Bewohner?

 Kennst du alle Flachland-Bewohner?

1. Schreibe die richtigen Namen unter die Flächen.

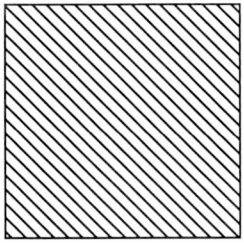 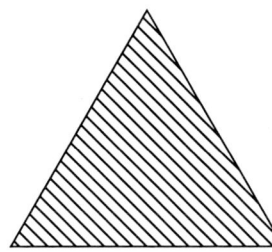 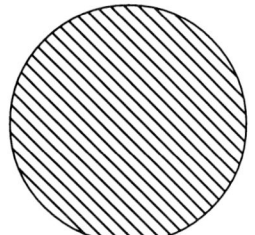 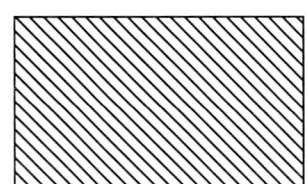

_____   _____   _____   _____

 **2.** Male alle gleichen Flächen in der gleichen Farbe aus.

Geometrie: So geht's

Flächen, wohin du schaust!

 Schreibe die Anzahl der Flächen auf.

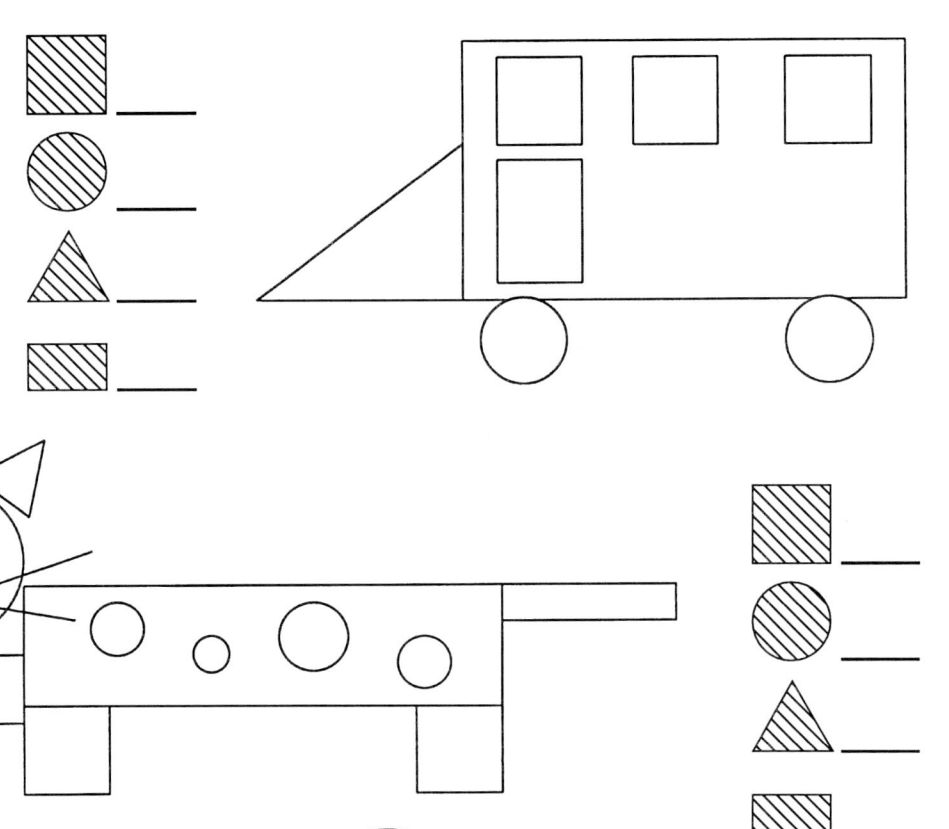

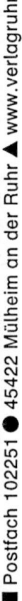

Figuren legen (1)

 Mit den Flachland-Bewohnern kannst du alle möglichen Figuren legen.

Male die Flächen bunt an und schneide sie aus. Lege damit die Figuren auf S. 13 nach. Du kannst damit auch noch andere Figuren und Muster legen.

Geometrie:

Figuren legen (2)

Lege mit den Flächen (S. 12) die Figuren nach.

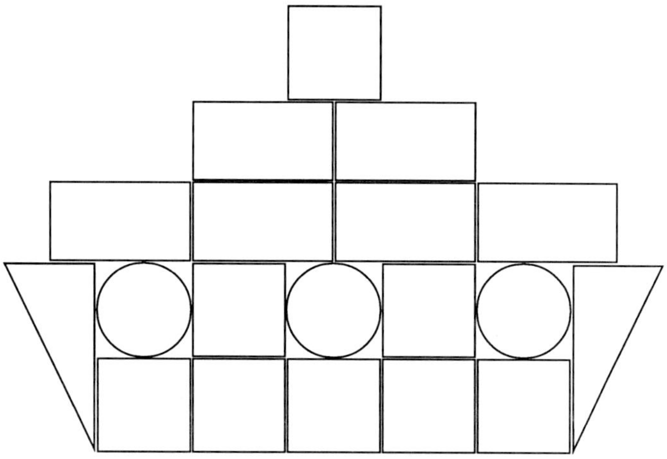

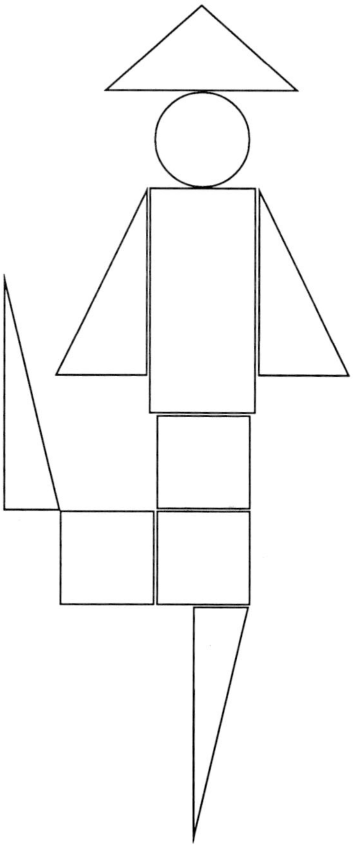

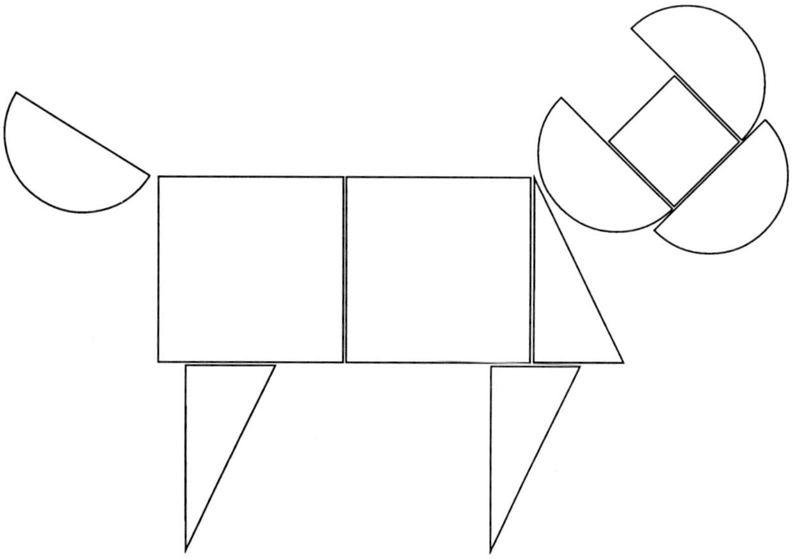

Figuren mit Flächen auslegen

 Kannst du die Figuren mit Flächen auslegen?

1.

2.

3.

4.

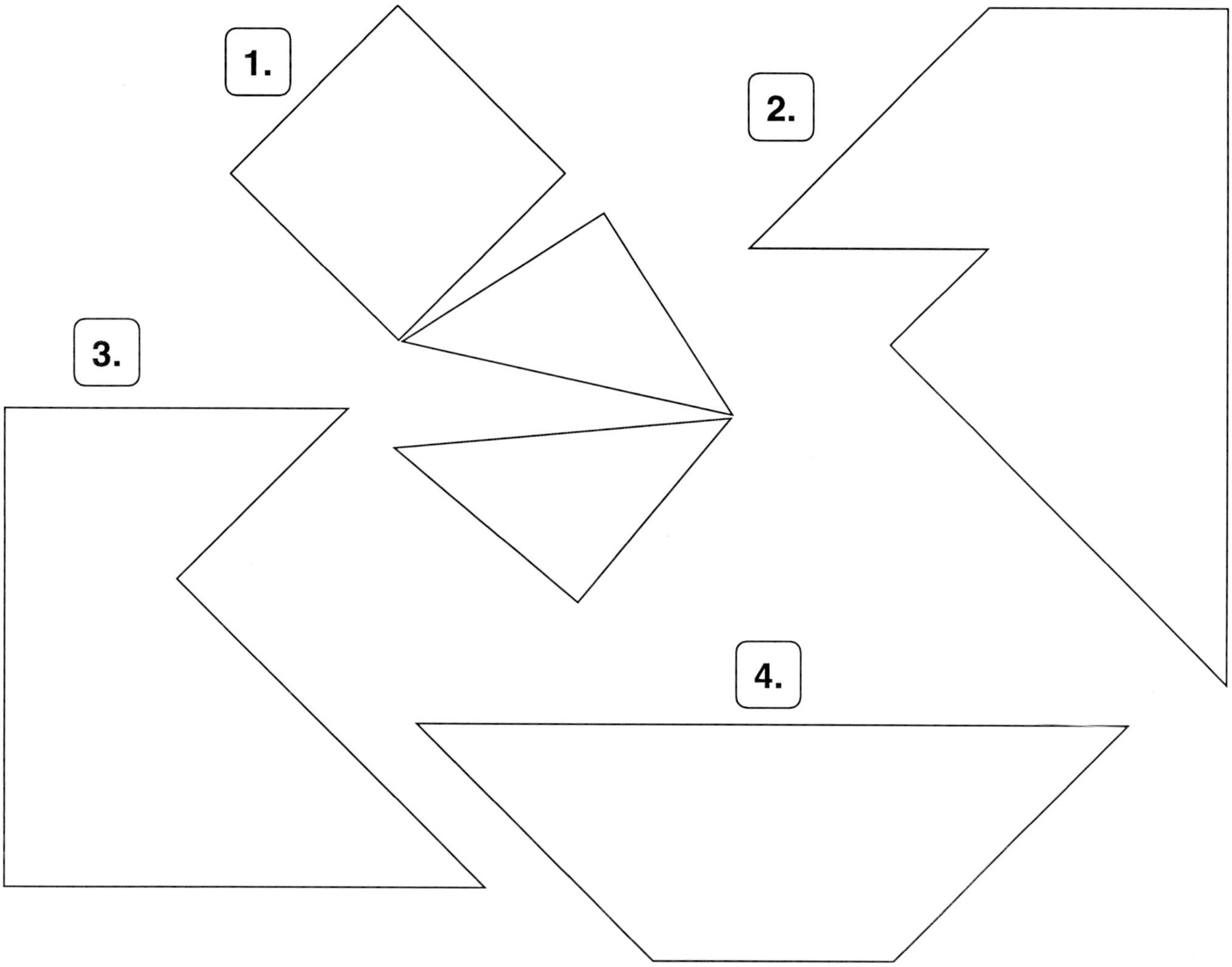

 Male die Flächen im Quadrat an.

Schneide dann die Flächen auseinander.
Lege die Figuren oben mit den Flächen aus.

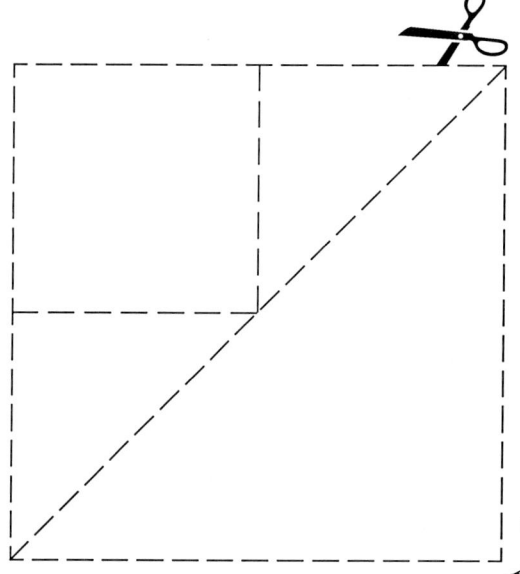

Geometrie: So geht's

Flächen zerlegen

Hier siehst du die Bewohner des Flachlandes.
Wer passt auf welche Fläche?

Nimm einen Bleistift und ein Lineal und zeichne die Bewohner des Flachlands in die Flächen ein.

Das sind wir!!!

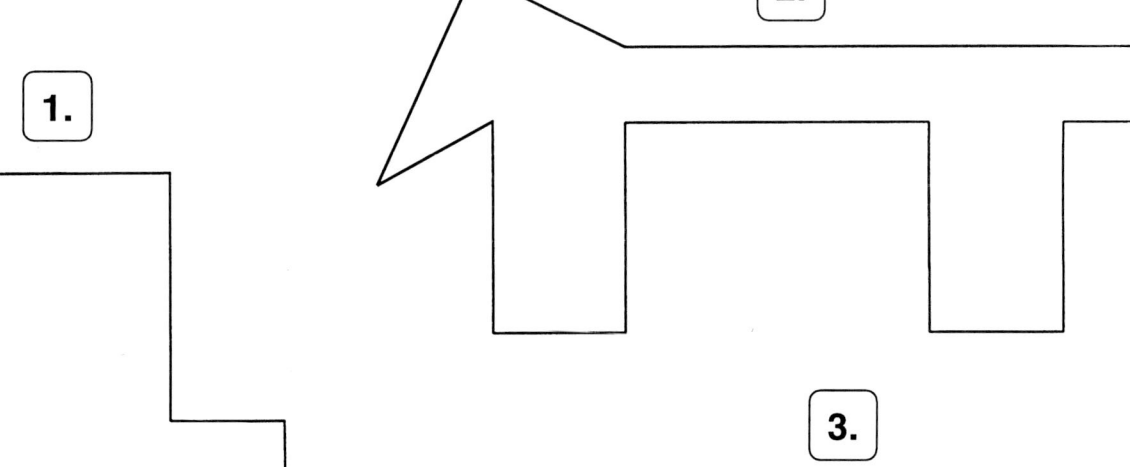

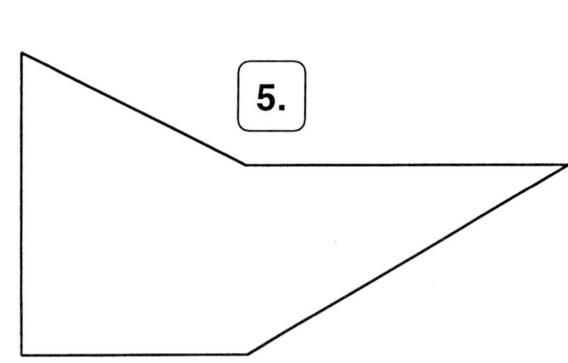

Geometrie: So geht's

Adlerauge

 Wie scharf sind deine Augen?

Welche der Flächen unten passen genau auf A, B, C und D? Verbinde sie!

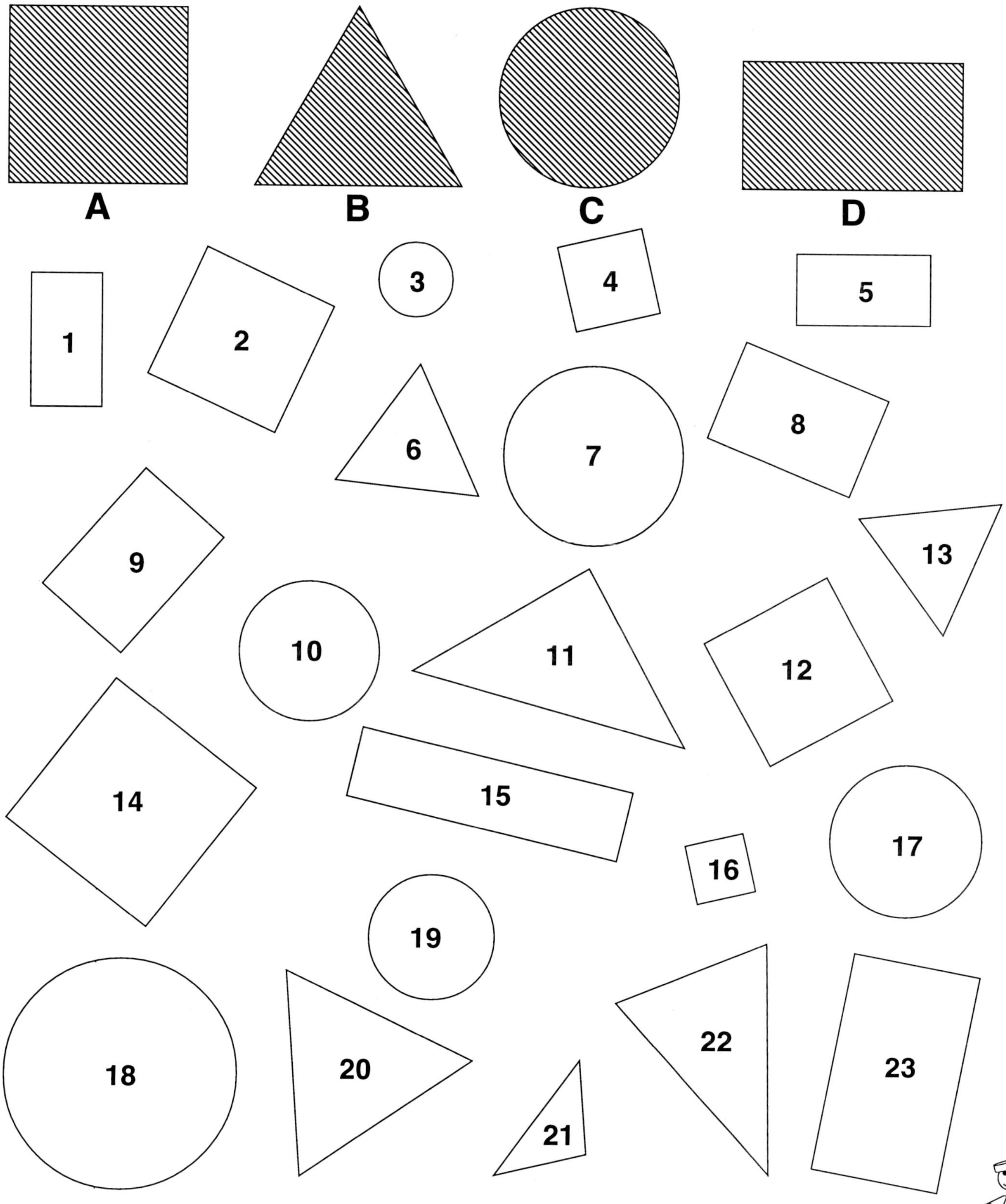

A B C D

Geometrie: So geht's

Quadrate-Puzzle

 Schneide die Teile aus und setze sie zu Quadraten zusammen.

TIPP Alle Teile, die zusammengehören, haben die gleiche Nummer.

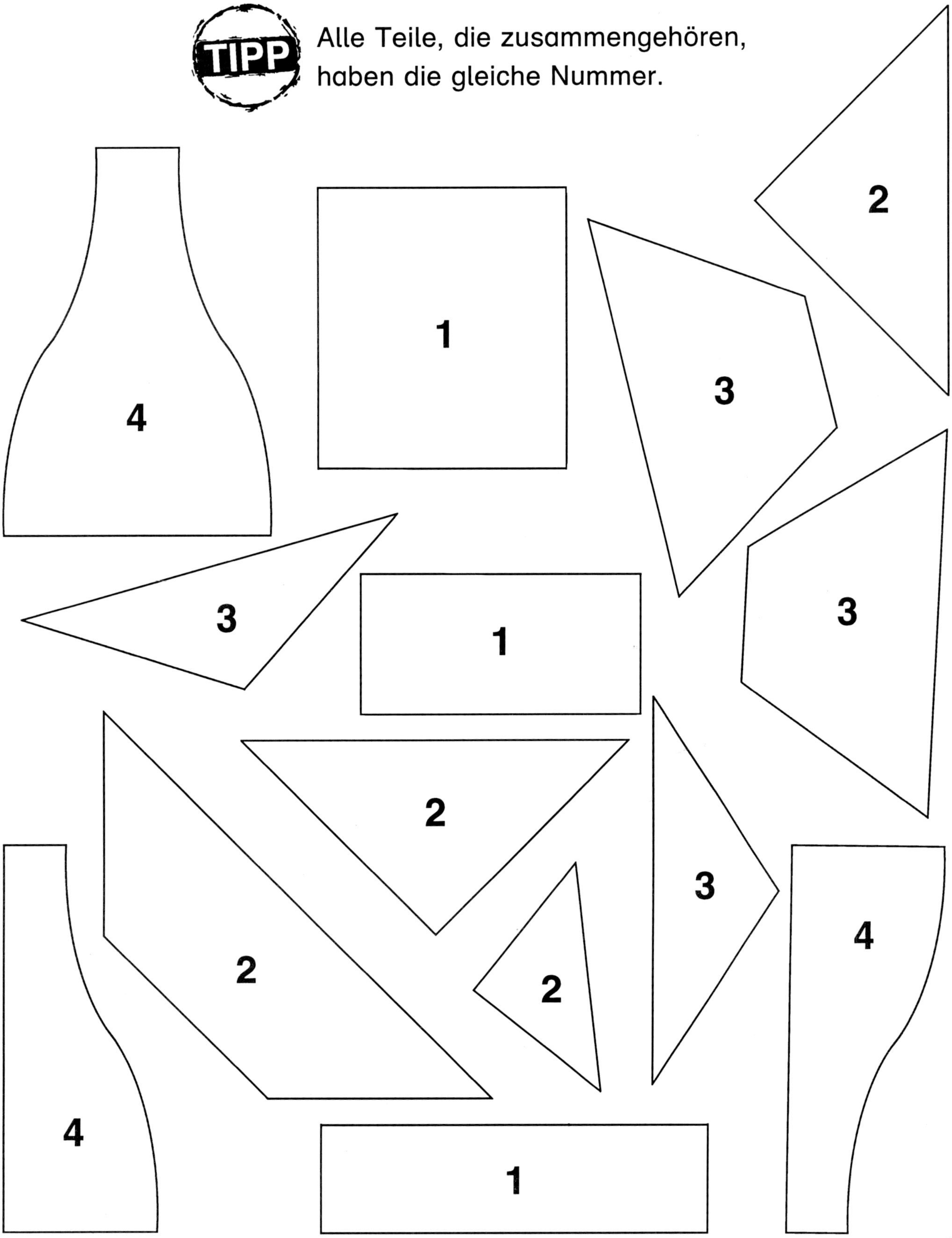

Geometrie:

Tolle Quadrate

 Aus Quadraten kannst du tolle Gebilde bauen.

Schneide ganz viele, unterschiedlich große Quadrate aus Karton aus.
Jedes Quadrat sollte dabei immer 1 cm kleiner sein als das vorherige.
Klebe sie dann zu solchen Gebilden aufeinander.

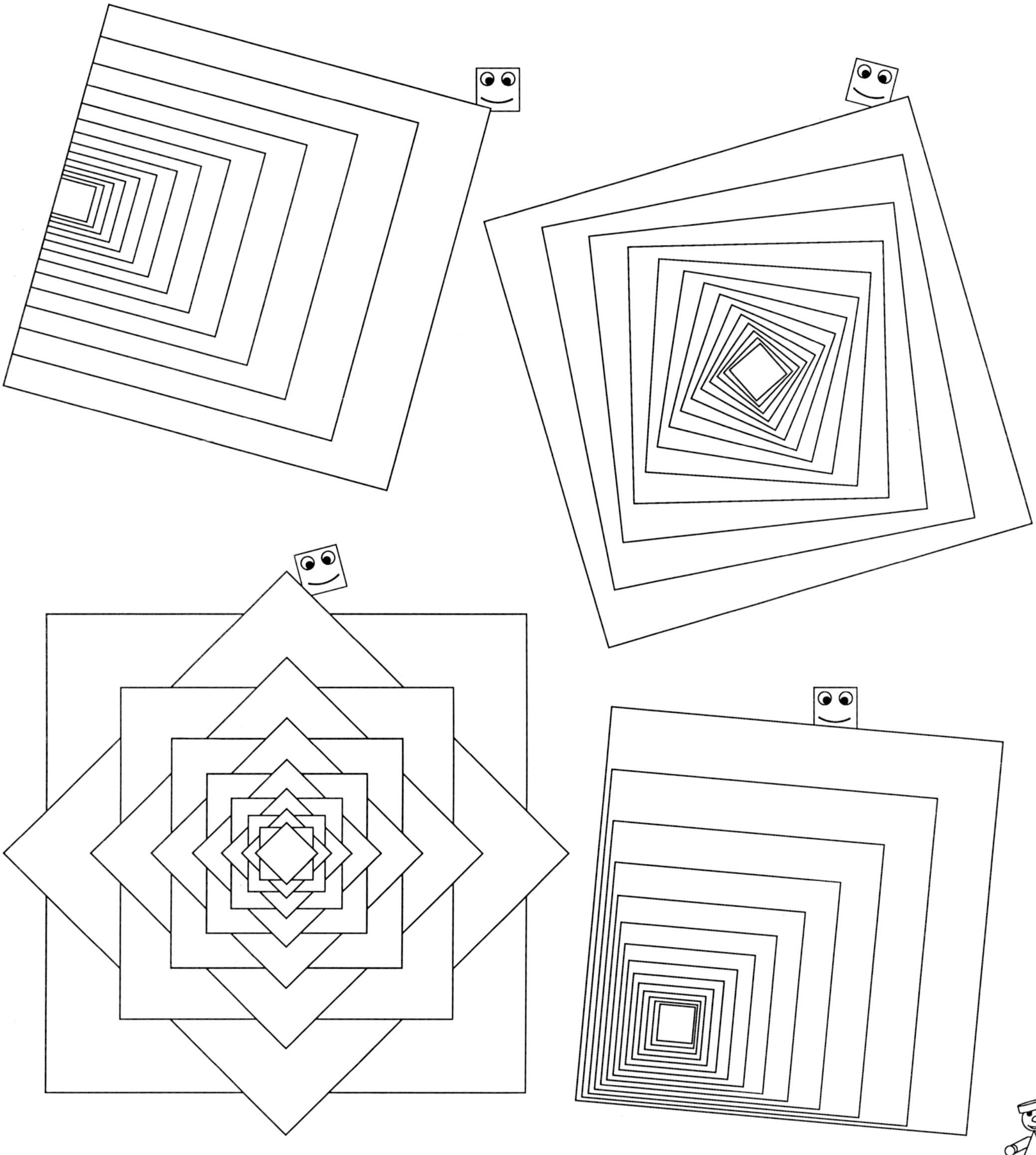

Geometrie:

Clowns-Zauberei

Klebe die beiden Bilder auf Pappe und male sie bunt an. Schneide die kleinen Quadrate anschließend auseinander.

Wenn du die Quadrate anders anordnest, erhalten deine Clowns immer wieder andere Gesichter.

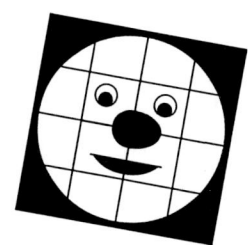

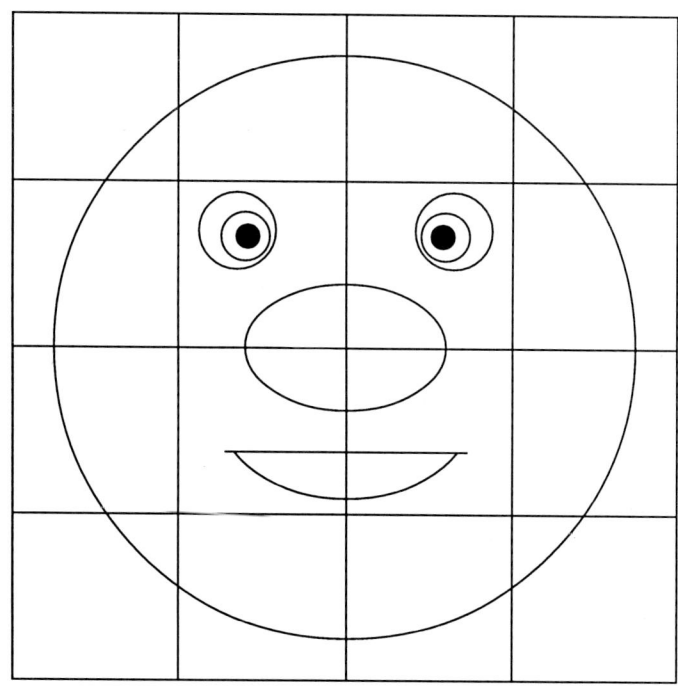

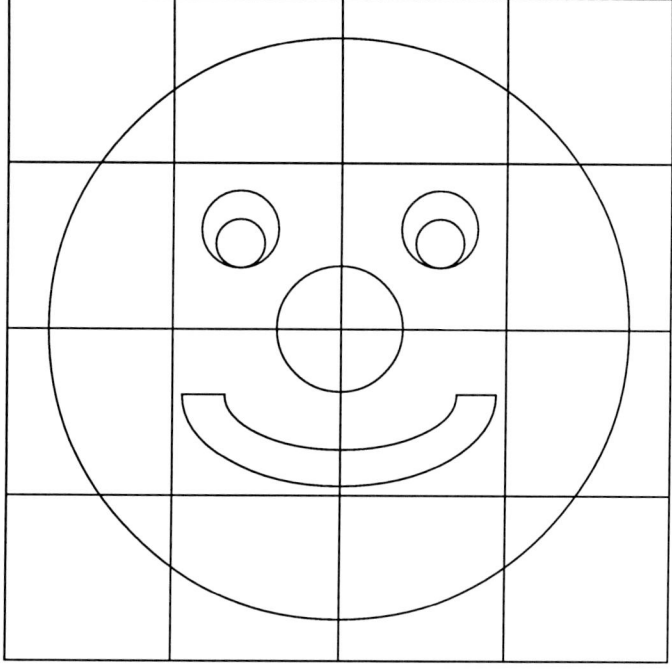

Geometrie:

Geobrett (1)

Du brauchst: ein Brett 14 x 14 cm *(etwa 2–3 cm dick)*,
die Papierschablone *(siehe unten)*, eine Schere,
einen spitzen Gegenstand, einen dunklen Filzstift,
einen Hammer, 16 kleine Nägel, Paketgummibänder

 **So geht es:**
1. Schneide die Papierschablone aus.
2. Drücke mit dem spitzen Gegenstand Löcher durch die Punkte in der Schablone.
3. Lege die Papierschablone auf dein Brett.
4. Zeichne nun mit dem Filzstift durch die Löcher hindurch Punkte auf das Brett.
5. Nimm die Papierschablone vom Brett.
6. Schlage die Nägel in die aufgezeichneten Löcher.
7. Jetzt ist dein Geobrett fertig.

*Nimm deine Paketgummibänder zur Hand
und los geht es mit der Geometrie auf dem Brett.
Spanne zuerst einmal eigene Formen.*

Geometrie: So geht's

Geobrett (2)

 Löse die Aufgaben auf deinem Geobrett.

1.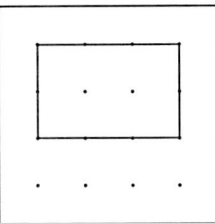

Spanne das Rechteck. Fülle es dann mit Quadraten aus!

2.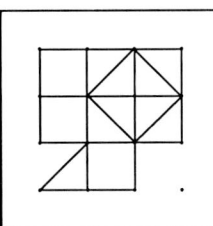

Wie viele Dreiecke und Quadrate siehst du?

3.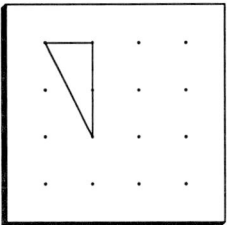

Spanne 10 Dreiecke.

4.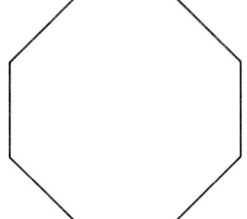

Kannst du ein Achteck spannen?

5.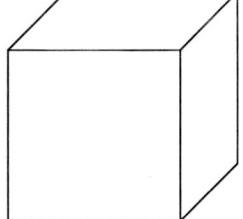

Kannst du die Figur des Würfels spannen?
Tipp: *Benutze **drei** Gummibänder*

6.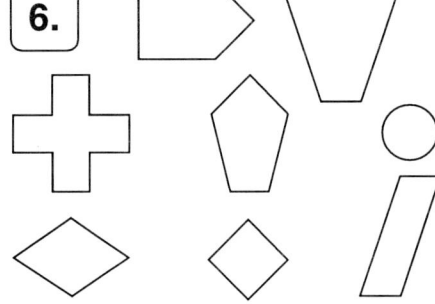

Kannst du diese Figuren spannen?

Bespanne das Geobrett mit gleich großen Rechtecken. Bleiben Nägel übrig?

Spanne vier gleich große Quadrate.

Spanne ein Quadrat. Eine Seite soll 6 cm lang sein.

Spanne ein Haus.

Spanne einen Vogel.

Spanne einen Baum.

Spanne ein Schiff.

Spanne eine Blume.

Geometrie:

Figuren vergrößern

Mit Hilfe von Quadraten kannst du eine Figur vergrößern.
Du vergrößerst zum Beispiel eine Zeichnung von einem Haus, indem du die Quadrate größer machst.

Zeichne das Haus in das Raster aus vergrößerten Quadraten.

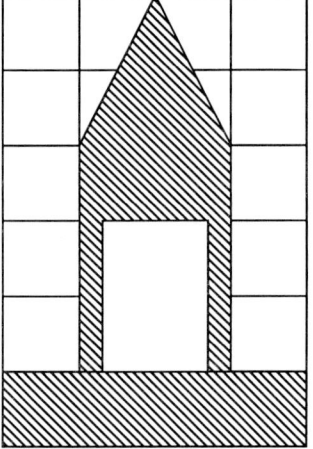

Das ist ein Haus für einen Zwerg.

Das ist ein Haus für einen Riesen.

Geometrie:

Figuren verkleinern

Mit Hilfe von Quadraten kannst du eine Figur verkleinern.

Du verkleinerst zum Beispiel eine Zeichnung von einem Männchen, wenn du die Quadrate kleiner machst.

 Zeichne die Figur in das Raster aus verkleinerten Quadraten.

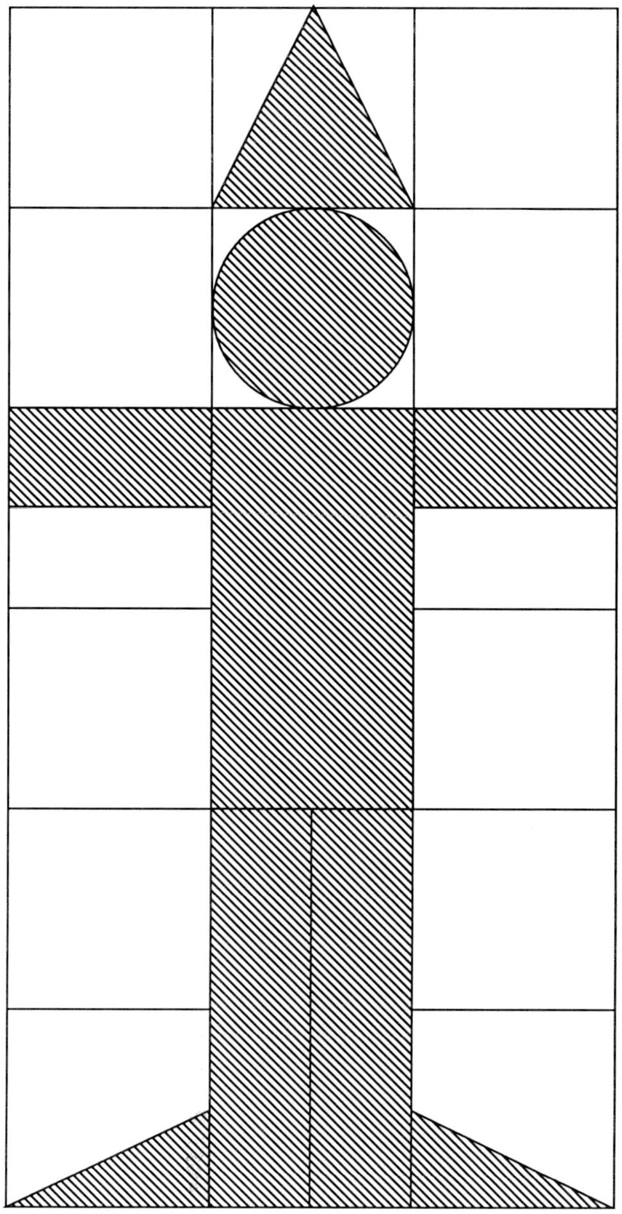

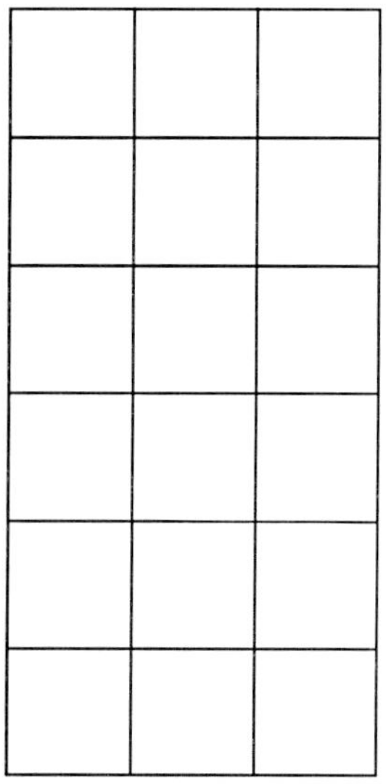

 # Flächen ausmessen

Mit Hilfe des Quadrats kannst du feststellen, wie groß eine Fläche ist.

Schneide die Quadrate unten aus.
Lege dann die Figuren nach.
Zähle, wie viele Quadrate du gebraucht hast.
Male dann auf diesem Blatt alle gleich großen Flächen in der gleichen Farbe aus.

Fällt dir etwas auf?

1. ☐ Quadrate

2. ☐ Quadrate

3. ☐ Quadrate

4. ☐ Quadrate

5. ☐ Quadrate

6. ☐ Quadrate

7. ☐ Quadrate

Geometrie: So geht's

Quadratmeter

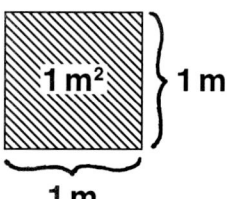

Die Größe einer Fläche kannst du in Meterquadraten berechnen.
Solche Meterquadrate heißen **Quadratmeter** und werden so abgekürzt: **m²**.

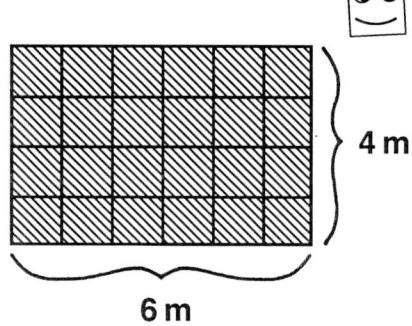

Beispiel:
Ein Garten ist 6 m lang und 4 m breit.
Wie viel Quadratmeter (m²) ist der Garten groß?

Du rechnest:
6 m • 4 m = 24 m²
Der Garten ist also 24 m² groß.

Berechne die Flächen.

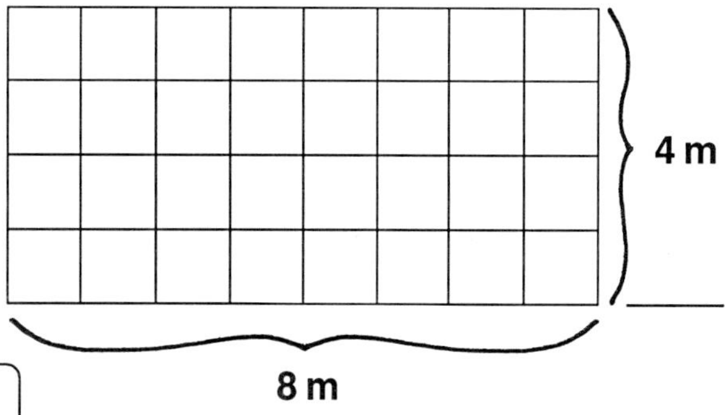

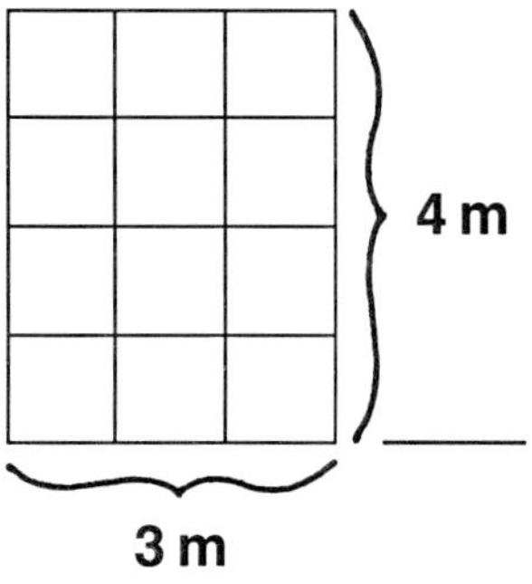

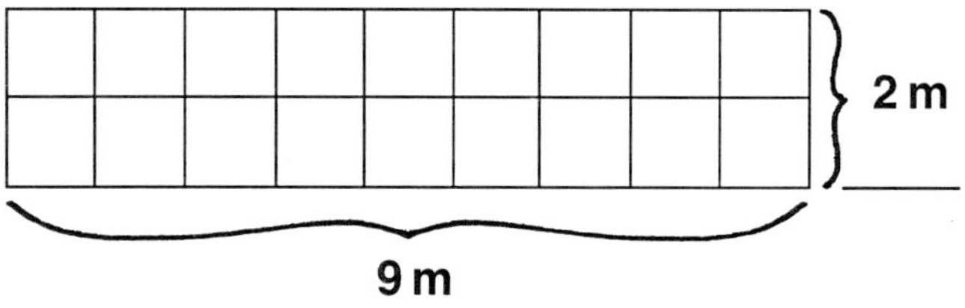

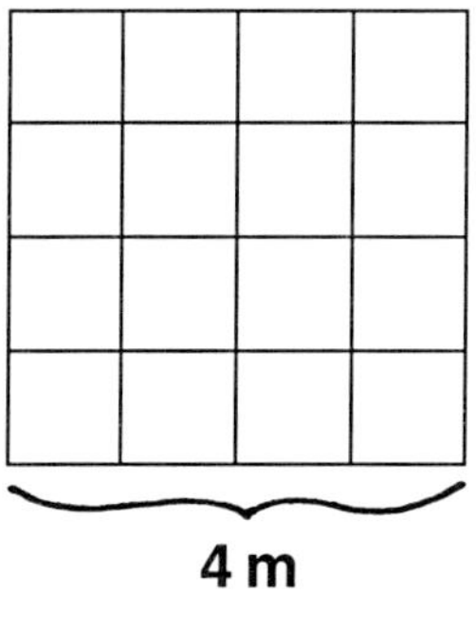

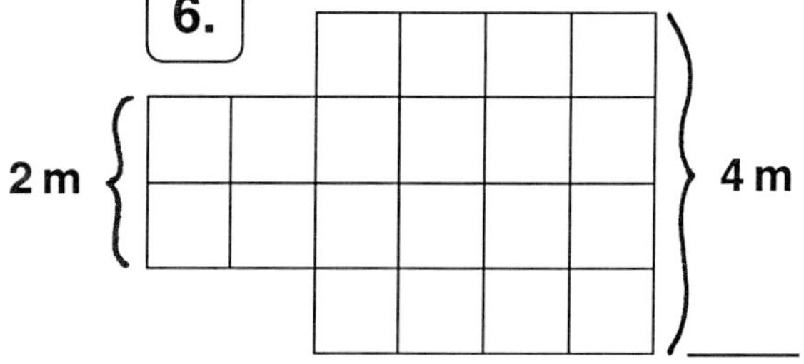

1. 7 m × 3 m ____ m²

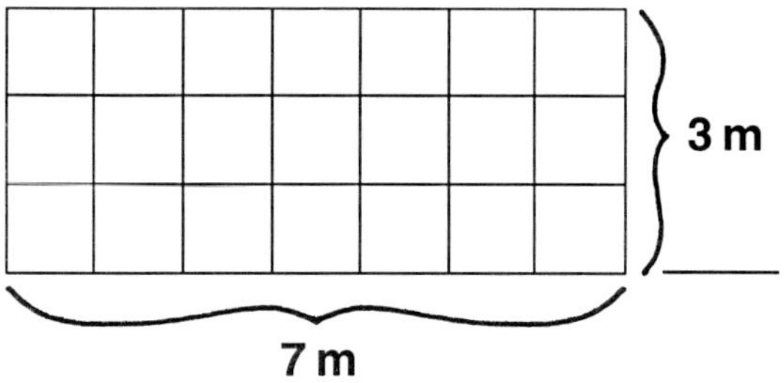

2. 8 m × 4 m ____ m²

3. 3 m × 4 m ____ m²

4. 9 m × 2 m ____ m²

5. 4 m × 4 m ____ m²

6. 2 m × 4 m ____ m²

Geometrie: So geht's

Quadratmeter für Profis

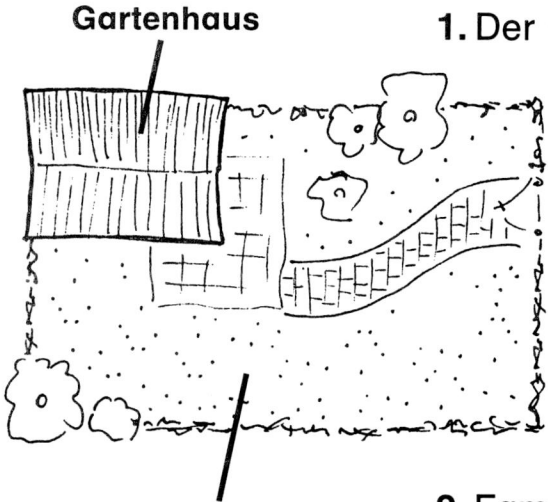

Gartenhaus

Garten

1. Der Garten der Familie Müller ist 8 m lang und 5 m breit. Sie wollen in eine Ecke ein Gartenhaus stellen.
Das Gartenhaus ist 3 m lang und 2 m breit.

   Wie groß ist die restliche Fläche des Gartens?

2. Familie Huber will den Badezimmerboden mit neuen Fliesen auslegen.
Der Boden ist 4 m lang und 2 m breit.

   Für wie viele Quadratmeter (m^2) müssen sie Fliesen kaufen?

3. Der Garten von Ingos Großeltern ist 15 m lang und 10 m breit. Er soll neu gestaltet werden. Ingos Großvater macht eine Zeichnung und schreibt auf:

Blumenbeet	2 m · 4 m
Terrasse	5 m · 3 m
Gemüsebeet	7 m · 3 m
Hühnerstall	4 m · 3 m
Gartenhaus	4 m · 4 m
Gartenweg	9 m · 1 m
Rasenfläche	8 m · 8 m
Rosenbeet	?

Wie viel Quadratmeter bleiben für ein Rosenbeet übrig?

Geometrie:

Messen mit Streichhölzern

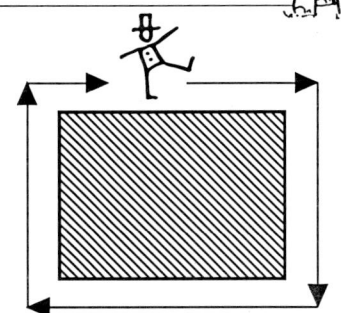

Wenn du um eine Fläche herumgehst, dann ist das der Umfang der Fläche.

Hier siehst du ein Beispiel, wie du mit Streichhölzern den Umfang einer Fläche (hier ein Buch) messen kannst: Dafür musst du zuerst rund um das Buch Streichhölzer legen.

In unserem Beispiel sind es 14 Streichhölzer, die alle 5 cm lang sind.

Dann rechnet man also: 14 · 5 cm = 70 cm
Der Umfang von dem Buch beträgt also 70 cm.

Suche dir nun selber Flächen im Klassenraum (nicht zu große), die du mit Hilfe deiner Streichhölzer ausmessen kannst.

Für die Aufgabe brauchst du viele gleich lange Streichhölzer und ein Lineal.

Fange zuerst mit deinem Mathebuch an:
Nimm eins der Streichhölzer und miss mit dem Lineal seine Länge.

Mein Streichholz ist _____ cm lang.

Lege um das Buch herum deine Streichhölzer. Dann zählst du die Streichhölzer.

Ich kann _____ Streichhölzer um mein Mathebuch legen.
Der Umfang von meinem Mathebuch beträgt also _____ cm.

Platz für deine Rechnung:

Geometrie: So geht's

Flächen-Umfang

Schneller, einfacher und genauer kannst du den Umfang einer Fläche mit Zahlen berechnen.

Beispiel:
Ein Garten ist 7 m lang und 5 m breit.
Wie viel Meter (m) beträgt der Umfang des Gartens?
Beachte: *In einem Rechteck sind die gegenüberliegenden Seiten gleich lang.*

Du rechnest also:
2 · 7 m + 2 · 5 m = 24 m
Der Umfang des Gartens ist also 24 m.

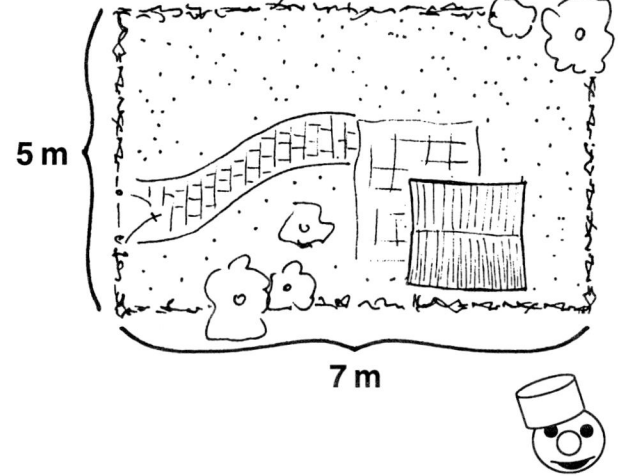

Berechne den Umfang dieser Flächen:

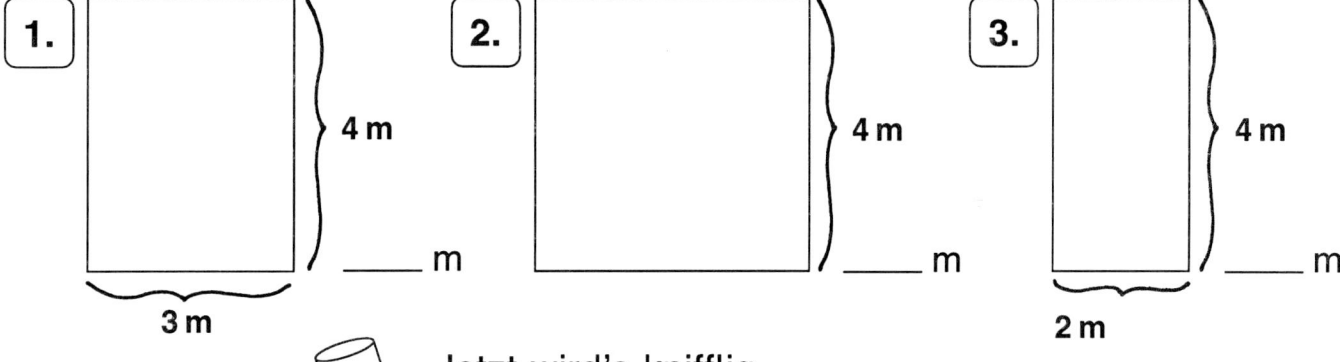

1. 3 m, 4 m   ___ m
2. 4 m, 4 m   ___ m
3. 2 m, 4 m   ___ m

Jetzt wird's knifflig.
Bekommst du auch hier den Umfang heraus?

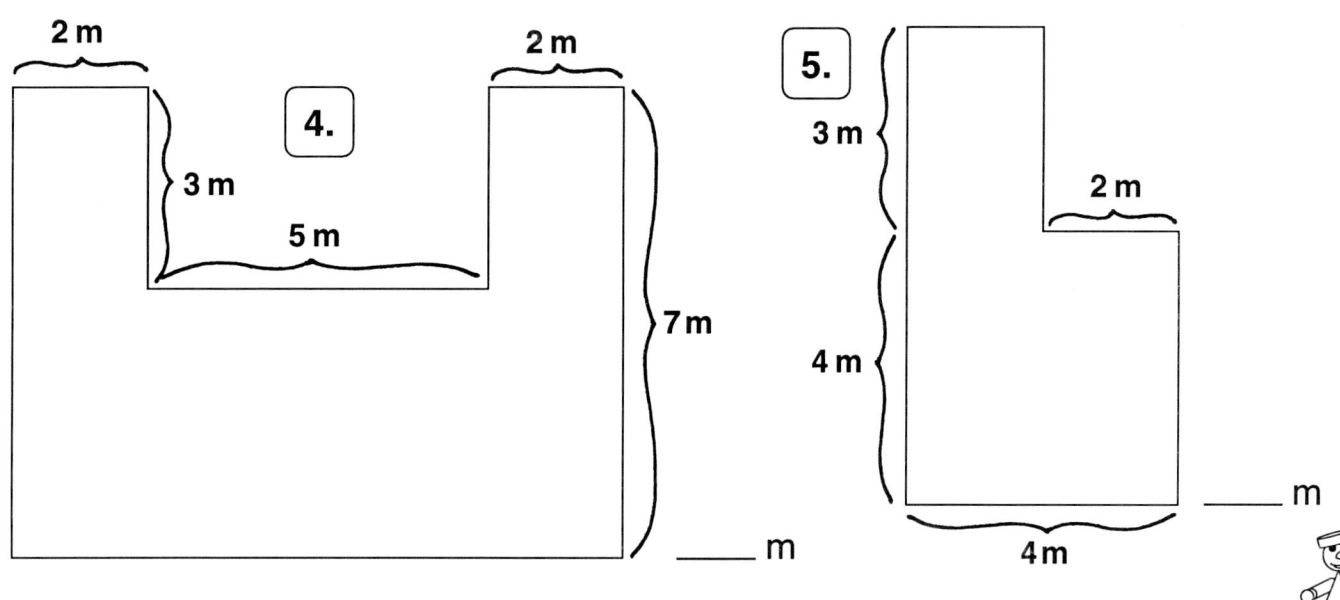

4. 2 m, 2 m, 3 m, 5 m   ___ m
5. 3 m, 2 m, 7 m, 4 m, 4 m   ___ m

Umfangberechnungen für Profis

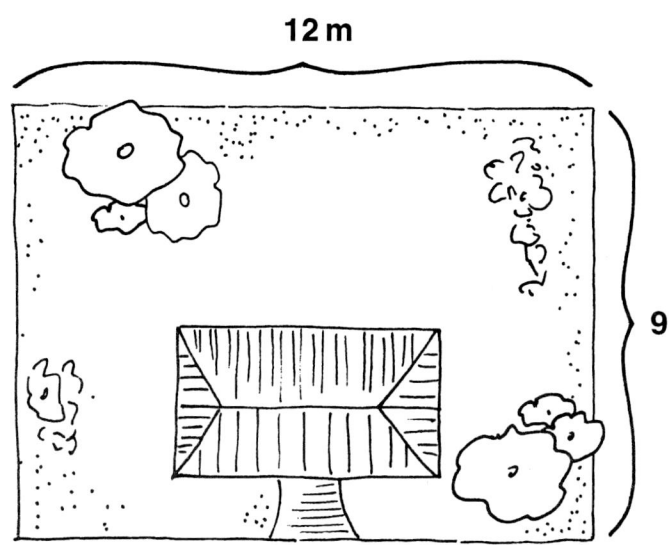

1. Familie Klein will einen Zaun um den Garten ziehen. Der Garten ist 12 m lang und 9 m breit. *Wie viel Meter (m) Zaun muss sie kaufen?*

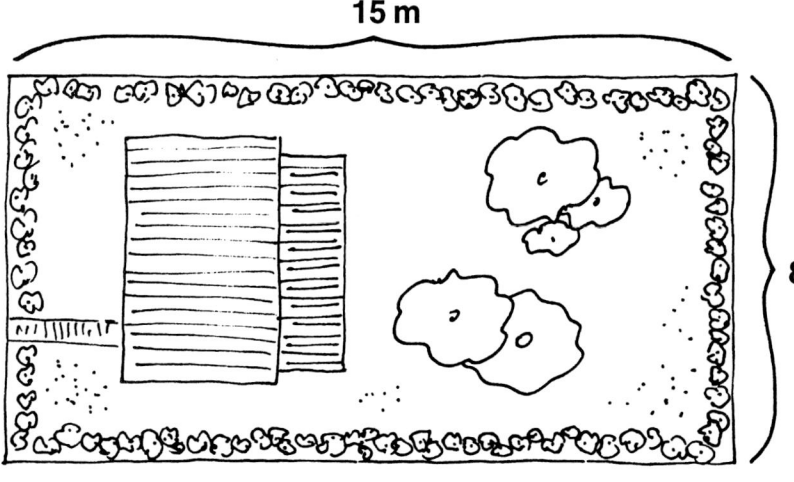

2. Familie Groß möchte rings um den Garten herum ein schmales Blumenbeet anlegen. Der Garten ist 15 m lang und 8 m breit. *Wie lang wird das Blumenbeet?*

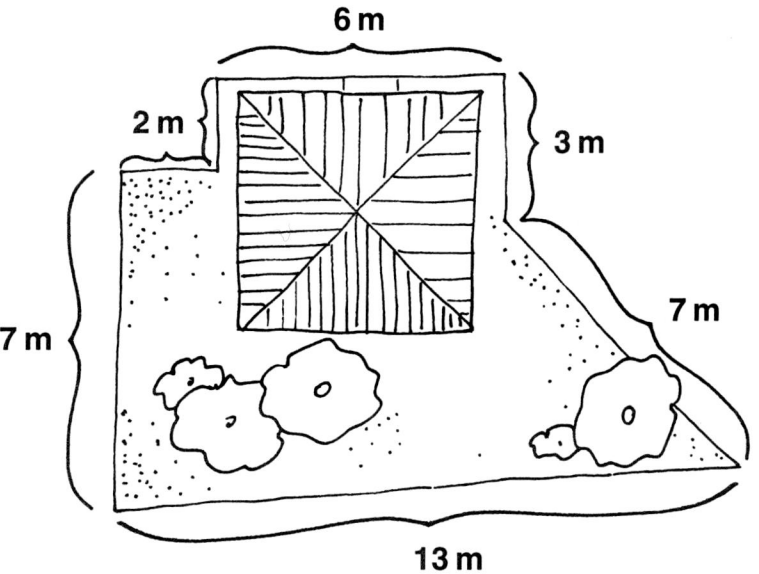

3. Um den Garten der Familie Hansen soll ringsherum eine große Hecke errichtet werden. *Wie viel Meter (m) Hecke benötigt dafür die Familie?*

Figuren-Puzzle

In China wird seit vielen, vielen Jahren ein Puzzle namens **TANGRAM** gespielt. Dabei wird ein Quadrat in geometrische Flächen, wie z.B. Dreiecke und Vierecke geteilt. Aus diesen Flächen können dann ganz viele fantasievolle Figuren gelegt werden.

Hier siehst du ein ähnliches Puzzle, mit dem du spielen kannst. Schneide dafür das Quadrat in die eingezeichneten Einzelteile. Lege dann damit die vorgegebenen Figuren. Fallen dir noch andere Figuren ein?

TIPP Wenn du die Teile längere Zeit benutzen möchtest, klebe sie vor dem Ausschneiden auf dicke farbige Pappe.

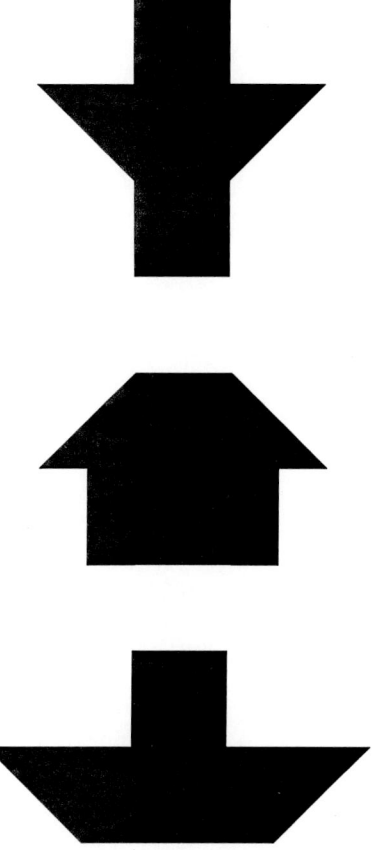
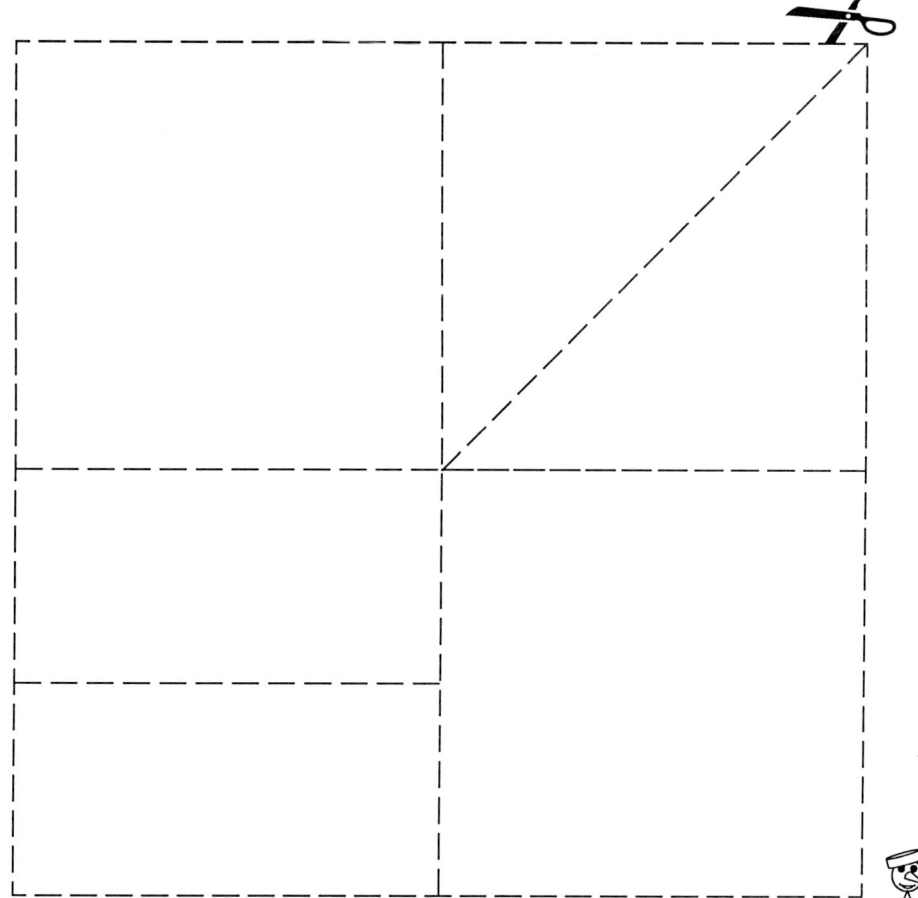

Geometrie: So geht's

Die Bewohner aus dem Körperland

 Kennst du diese Körper?

Schneide die Namenskärtchen unten aus und klebe sie zum richtigen Bild.

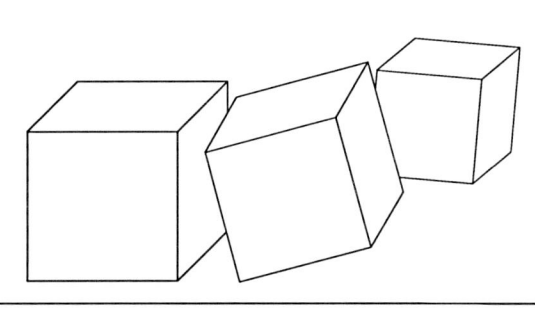

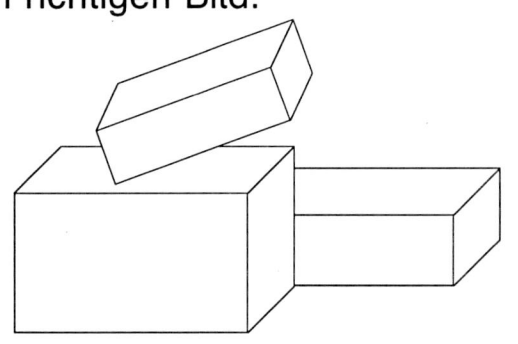

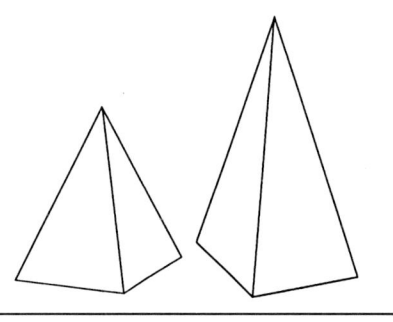

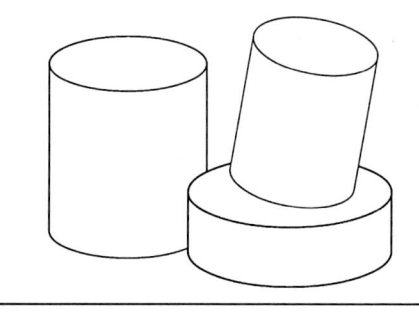

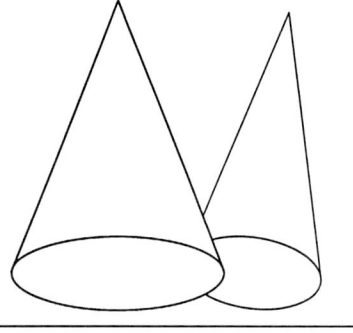

Zylinder	Kegel
Kugel	Quader
Würfel	Pyramide

Geometrie: So geht's

Die Bürgermeister vom Körperland

Welche Körper verstecken sich in diesen Figuren?

Male die Körper, die du findest, so an:

Würfel: *rot*
Quader: *blau*
Kegel: *gelb*
Kugel: *grün*
Pyramide: *schwarz*
Zylinder: *grau*

Jede Menge Körper

 Zähle die Körper und schreibe ihre Anzahl auf.

_____ **Würfel** _____ **Kegel** _____ **Kugel**

_____ **Quader** _____ **Pyramide** _____ **Zylinder**

Geometrie: So geht's

Kennst du die Körper?

 Kreise den jeweils richtigen Namen ein.

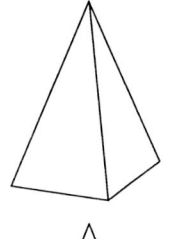	Zylinder Pyramide Kegel	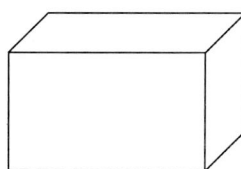	Kugel Zylinder Quader
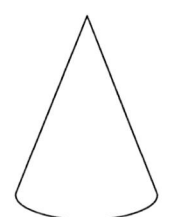	Quader Würfel Kegel	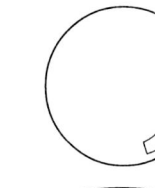	Würfel Quader Kugel
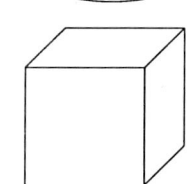	Würfel Zylinder Kegel		Kugel Kegel Zylinder
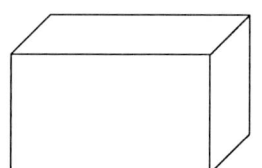	Kugel Quader Kegel	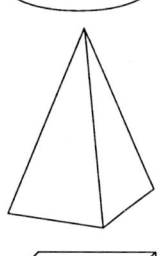	Würfel Quader Pyramide
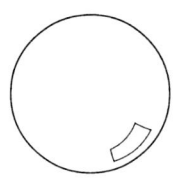	Quader Würfel Kugel	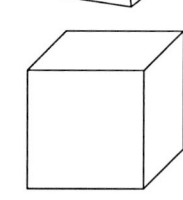	Würfel Pyramide Kegel
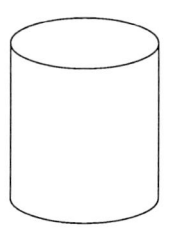	Kegel Zylinder Pyramide	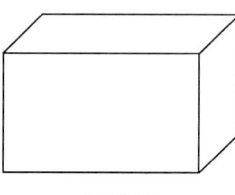	Quader Zylinder Kegel
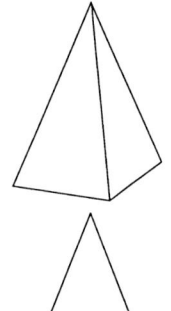	Quader Pyramide Kegel	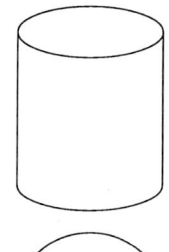	Kegel Pyramide Zylinder
	Zylinder Pyramide Kegel	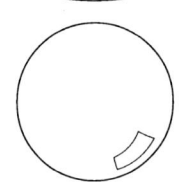	Zylinder Kegel Kugel

Geometrie: So geht's

Geodomino (Körper)

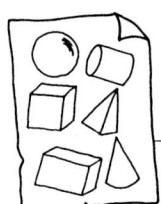

Schneide die Kärtchen aus.
Dann kannst du Domino damit spielen.

🔺 Kegel	Würfel	⬛ Würfel	Quader	▭ Quader	Pyramide
🔺 Pyramide	Zylinder	🛢 Zylinder	Kugel	⚪ Kugel	Kegel
🔺 Kegel	Quader	▭ Quader	Pyramide	🔺 Pyramide	Würfel
⬛ Würfel	Kugel	⚪ Kugel	Kegel	🔺 Kegel	Zylinder
🛢 Zylinder	Pyramide	🔺 Pyramide	Würfel	⬛ Würfel	Quader
▭ Quader	Kegel	🔺 Kegel	Zylinder	🛢 Zylinder	Kugel
⚪ Kugel	Würfel	⬛ Würfel	Quader	▭ Quader	Pyramide
🔺 Pyramide	Zylinder	🛢 Zylinder	Kugel	⚪ Kugel	Kegel

Geometrie:  So geht's

Körper in deiner Umgebung

Welche Dinge in deiner Umgebung sehen den Körpern ähnlich? Schreibe oder male sie hier auf.

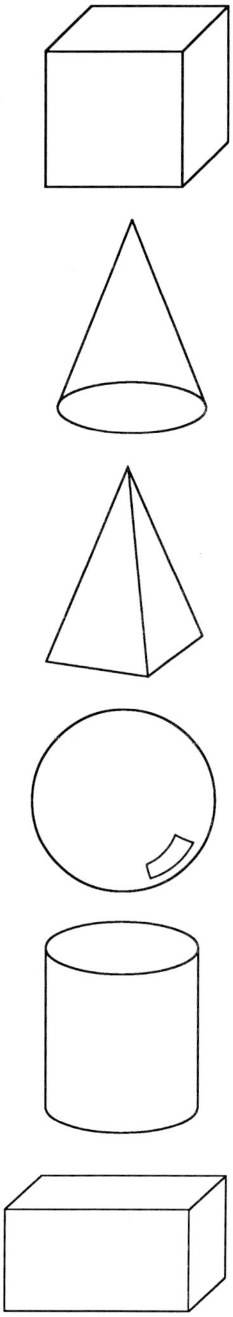

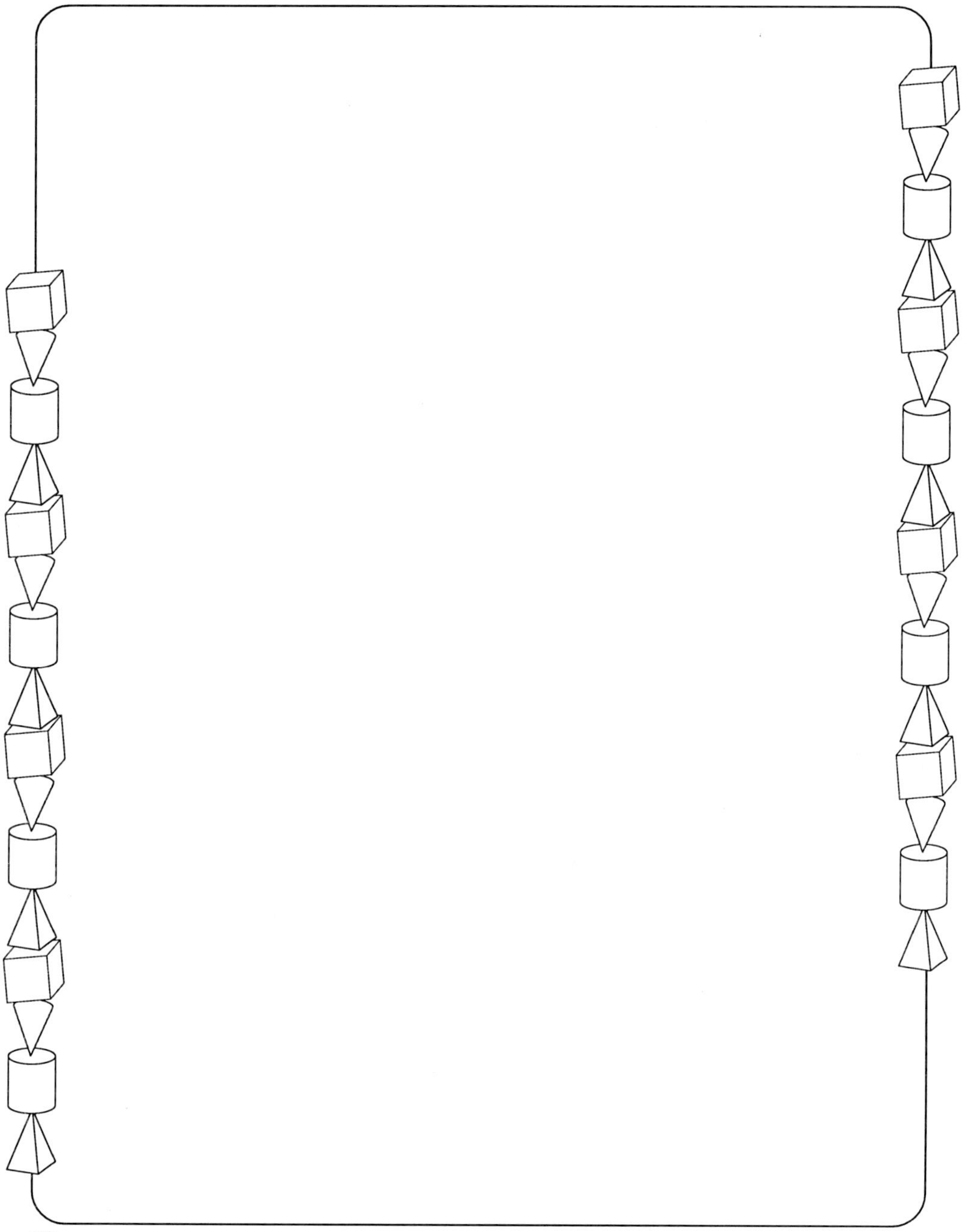

Bringt die Gegenstände (*Konserven, Milchpackungen und Ähnliches*) mit in die Schule und macht eine **„Körperausstellung":**
Stellt dafür die Gegenstände auf eine „Ausstellungsfläche" (z.B. zwei zusammengestellte Tische) und beschriftet sie mit den entsprechenden Körpernamen *(Würfel, Pyramide usw.)*.

Geometrie: So geht's

Für Körper-Forscher

Denkt einmal gemeinsam über folgende Fragen nach. Schreibt eure Ergebnisse auf.

1. Warum sind Ziegelsteine quaderförmig?

2. Warum haben Häuser, Bücher und Schränke die Form eines Quaders und nicht die eines Würfels oder einer Kugel?

3. Weshalb haben Bälle und Glasmurmeln die Form einer Kugel?

4. Welche Form haben Streichholzschachteln, Zuckerwürfel, Klassenräume und Koffer?

5. Suche Wörter, in denen das Wort „Würfel" vorkommt: *Zuckerwürfel, Würfelspiel ...*

6. Suche Wörter, in denen das Wort „Ecke" vorkommt: *Zimmerecke, Käseecke ...*

7. Welche Form haben Getränkedosen und Nudelhölzer?

8. Welche Form haben die berühmten Bauwerke in Ägypten?

9. Welche Form haben ein Hexenhut und welche ein Kreisel?

10. Stelle dir vor, die Räder eines Wagens sähen wie auf den Bildern unten aus. Was wäre dann? Zähle die Nachteile auf.

Geometrie: So geht's

Vorsicht Glas!

Wenn die Körper aus Glas sind, kann man auch die hinteren Flächen und Kanten sehen.

 Schreibe die richtigen Körper-Namen zu den Bildern.

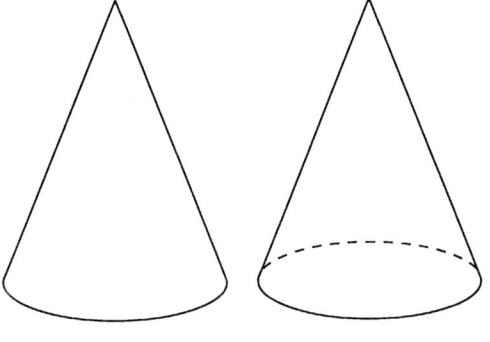 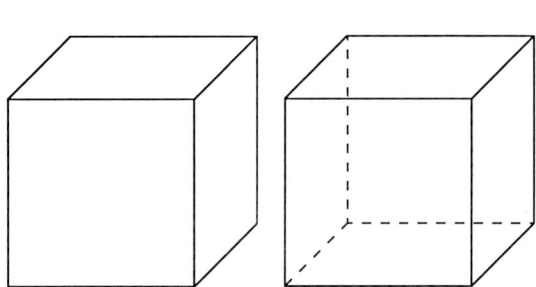

_____   _____

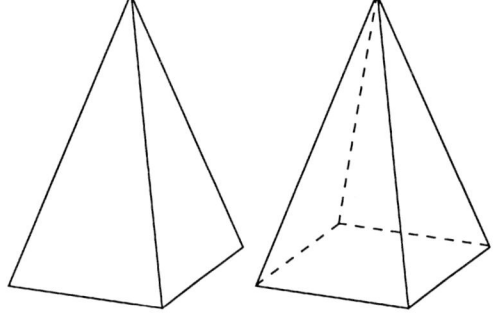 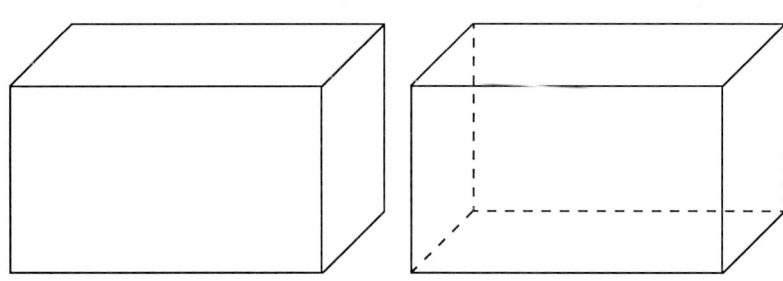

_____   _____

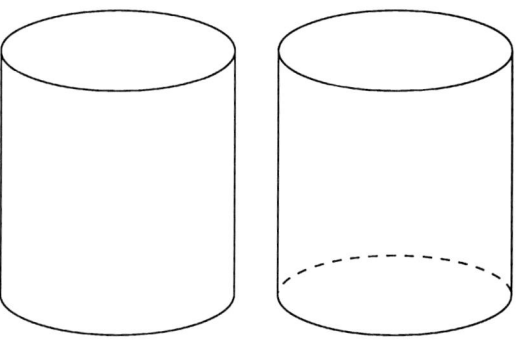 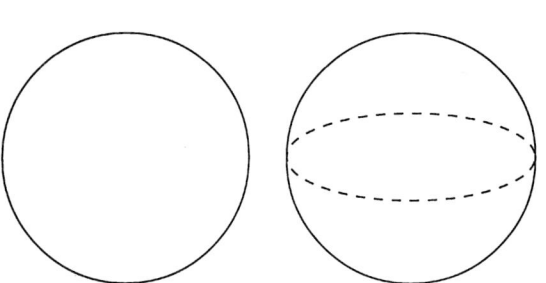

_____   _____

Geometrie: So geht's

Ecken – Flächen – Kanten

 Kreuze die jeweils richtige Antwort in der Tabelle an.

... hat 0 Ecken						
... hat 1 Ecke						
... hat 4 Ecken						
... hat 5 Ecken						
... hat 8 Ecken						
... hat 10 Ecken						
... hat 0 Flächen						
... hat 1 Fläche						
... hat 2 Flächen						
... hat 3 Flächen						
... hat 5 Flächen						
... hat 6 Flächen						
... hat 0 Kanten						
... hat 1 Kante						
... hat 2 Kanten						
... hat 5 Kanten						
... hat 8 Kanten						
... hat 12 Kanten						

Geometrie:

Körper-Rätsel

1.

Der gesuchte Körper hat 6 Flächen, 12 Kanten und 8 Ecken.

Seine Flächen sind alle gleich groß. Jede Fläche ist ein Quadrat.

Welcher Körper ist gemeint?

_____

2.

Der gesuchte Körper hat 12 Kanten, 8 Ecken und 6 Flächen.
Seine gegenüberliegenden Flächen sind gleich groß.
Mindesten 4 von den Flächen sind Rechtecke.

Wie heißt der Körper?

_____

3.

Der gesuchte Körper hat keine Ecken und Kanten.
Er kann rollen.
Er ist aber kein Ei.

Welcher Körper verbirgt sich hier?

_____

4.

Der Körper hat 5 Flächen, 8 Kanten, 4 Ecken und eine ganz spitze Ecke.
Seine Seitenflächen sind Dreiecke und seine Grundfläche ist ein Quadrat.

Welcher Körper ist gemeint?

_____

5.

Der gesuchte Körper hat eine Kante und eine ganz spitze Ecke.
Die Grundfläche ist ein Kreis.

Wie heißt der Körper?

_____

6.

Der Körper hat 3 Flächen und 2 Kanten. Eine der Flächen ist ein zusammengerolltes Rechteck.
Die 2 äußeren Flächen sind Kreise.

Welcher Körper wird hier gesucht?

_____

Geometrie: So geht's

Netze, Einkaufsnetze, Fischernetze???

Jeden Körper kann man wie mit einer Schere aufschneiden. Die aufgeschnittenen Körper nennt man dann **Netze**.

Beispiele:

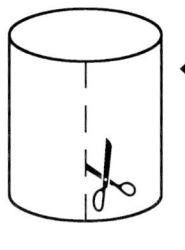 ← Der *Zylinder* als Körper.
Flach auf den Tisch gelegt sieht das Netz von dem Körper dann so aus:

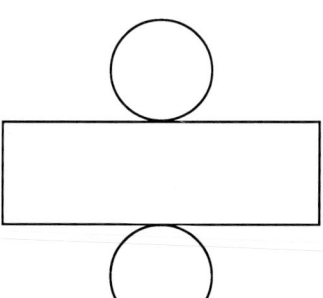

*Der **Zylinder** als Netz.*

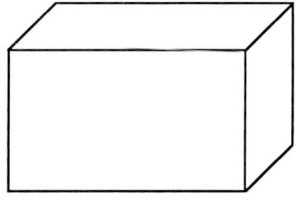 ← Der *Quader* als Körper.

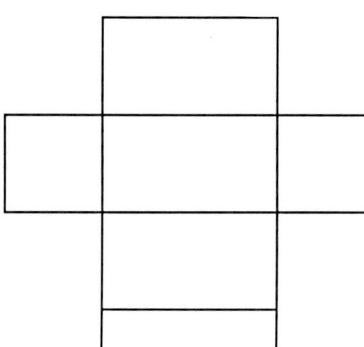

*Der **Quader** als Netz.*

 Findet in eurer Umgebung verschiedene Körper aus Pappe (z.B. Milchpackungen, Trinkpäckchen, Chipsrollen und Ähnliches), die ihr zerschneiden könnt (natürlich vorher leeren).
Zerschneidet sie dann an den Kanten, so dass ein Netz entsteht.

Körper-Netze

Hier hast du noch einmal alle Körper
und ihre Netze auf einen Blick:

Name	Körper	Glaskörper	Netz
Würfel			
Quader			
Pyramide			
Kegel			
Zylinder			
Kugel			*kein Netz*

Schneide die Karten aus und mische sie.
Ordne dann die richtigen Karten
wieder zusammen.

Geometrie:

Würfeleien

Schneide das Würfelnetz aus.
Knicke die schmalen Seitenlaschen um.
Male auf die Seiten Zahlen wie bei einem Würfel.

Bestreiche die Laschen mit Klebstoff
und klebe deinen Würfel zusammen.

Jetzt kannst du damit spielen.

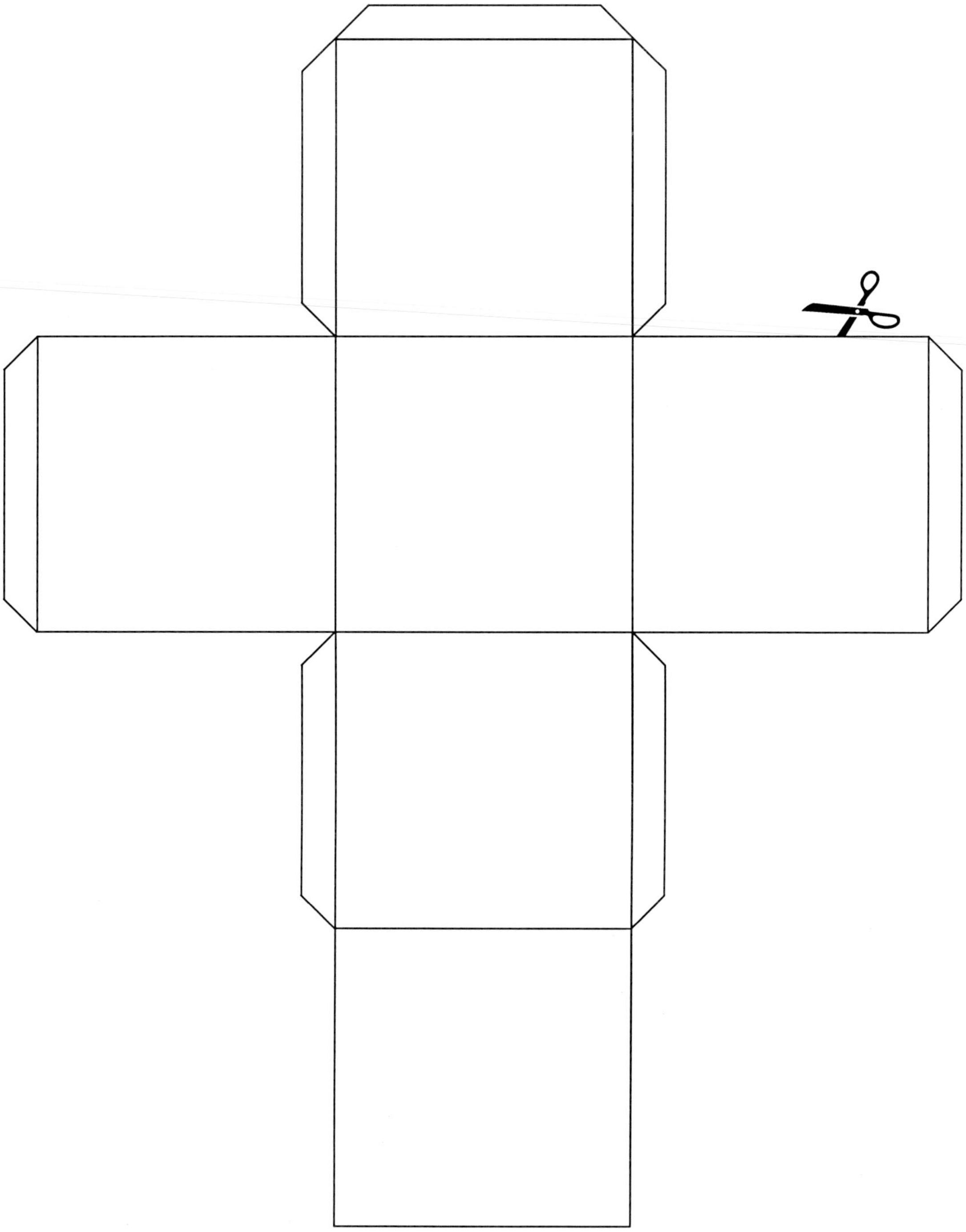

Geometrie: So geht's

Dem Würfelnetz auf der Spur

 Hier musst du ganz schön genau gucken. Kreise die Netze ein, aus denen du Würfel bauen kannst.

TIPP

Es sind 11 Netze. Findest du sie alle?

Wenn es gar nicht klappt, baue die Würfel doch einfach mal nach.

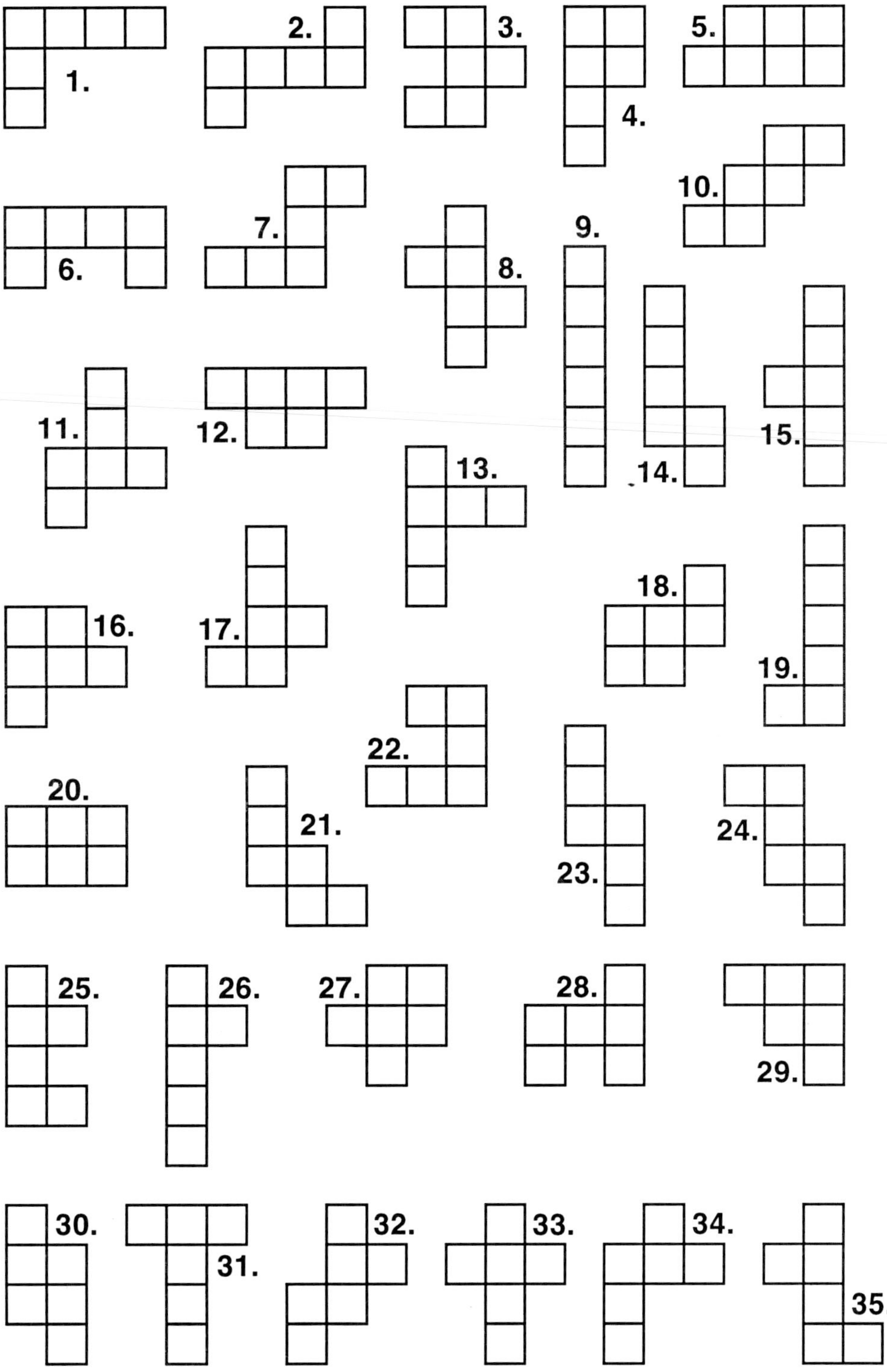

Geometrie:

Würfelbauten

 *Aus wie vielen Würfeln bestehen die Bauten?*

Zähle sie und schreibe deine Ergebnisse neben die Bauten.

1.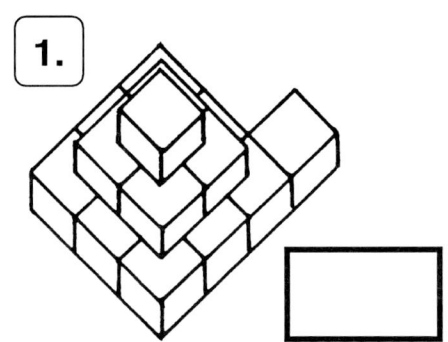

2.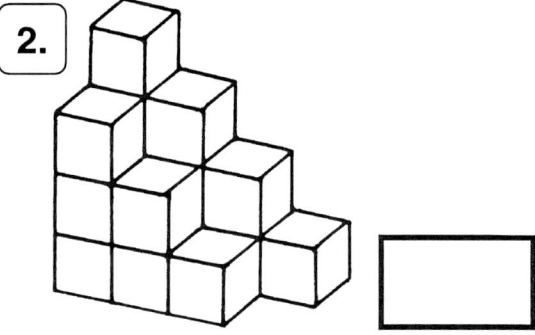

3.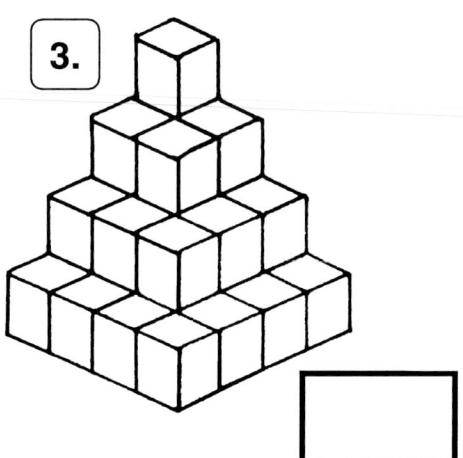

4.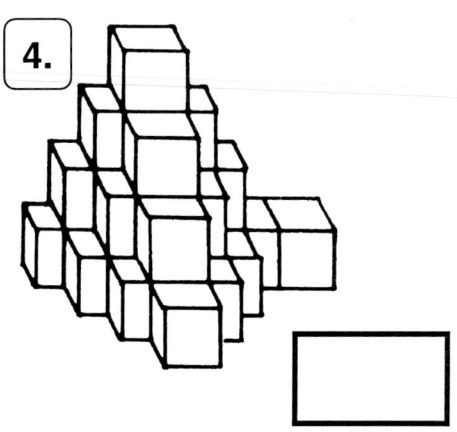

 *Für die ganz Fleißigen.*

Findest du hier auch die richtige Würfelzahl heraus?

5.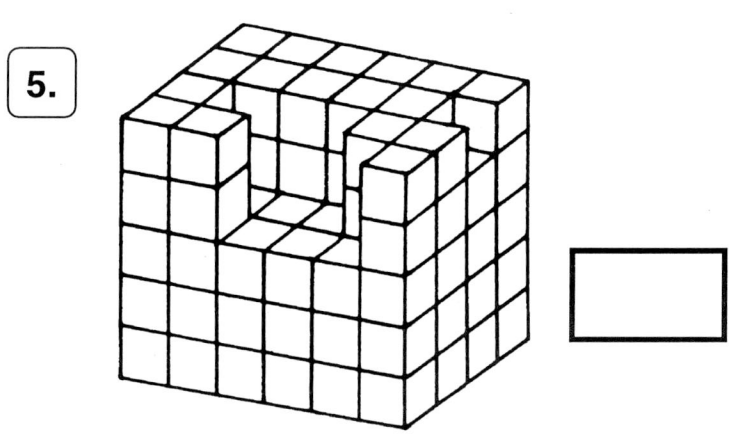

Geometrie: So geht's

Würfel zeichnen

 Zeichne einen Würfel.
Das ist leichter, als du denkst.
Nimm dafür ein Lineal und einen Bleistift
und zeichne deinen Würfel unten auf.
Richte dich dabei genau nach der Anleitung
und nach den Kästchen.

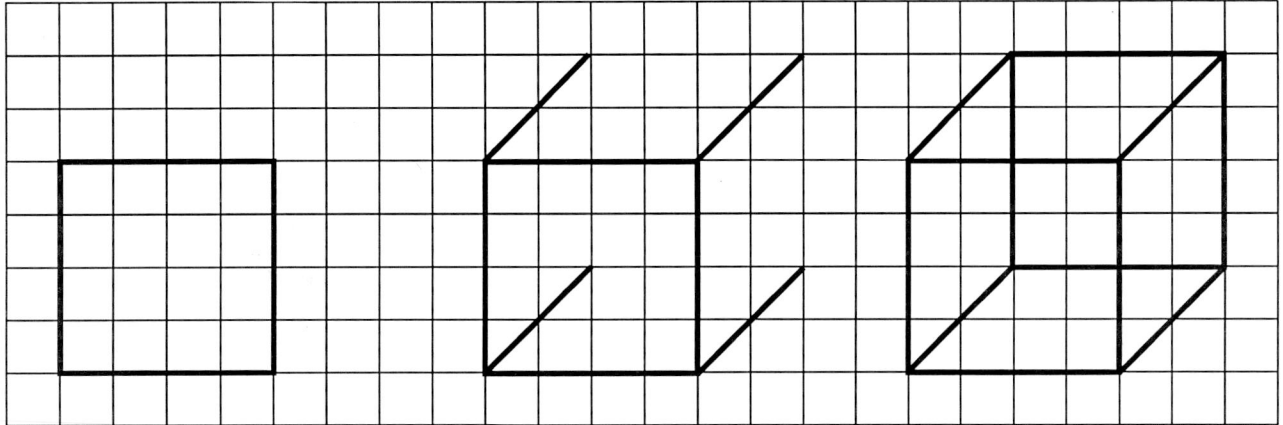

1. Zeichne zuerst die Vorderseite des Würfels: ein Quadrat.

2. Zeichne jetzt die hinteren Kanten des Würfels schräg durch die Kästchen.
Wenn die Kanten von deinem Quadrat jeweils 4 Kästchen lang sind *(wie in der Zeichnung)*, müssen die hinteren Kanten schräg durch zwei Kästchen gehen.

3. Die Rückseite deines Würfels ist wieder ein Quadrat.
Die Kanten sind wieder jeweils 4 Kästchen lang.

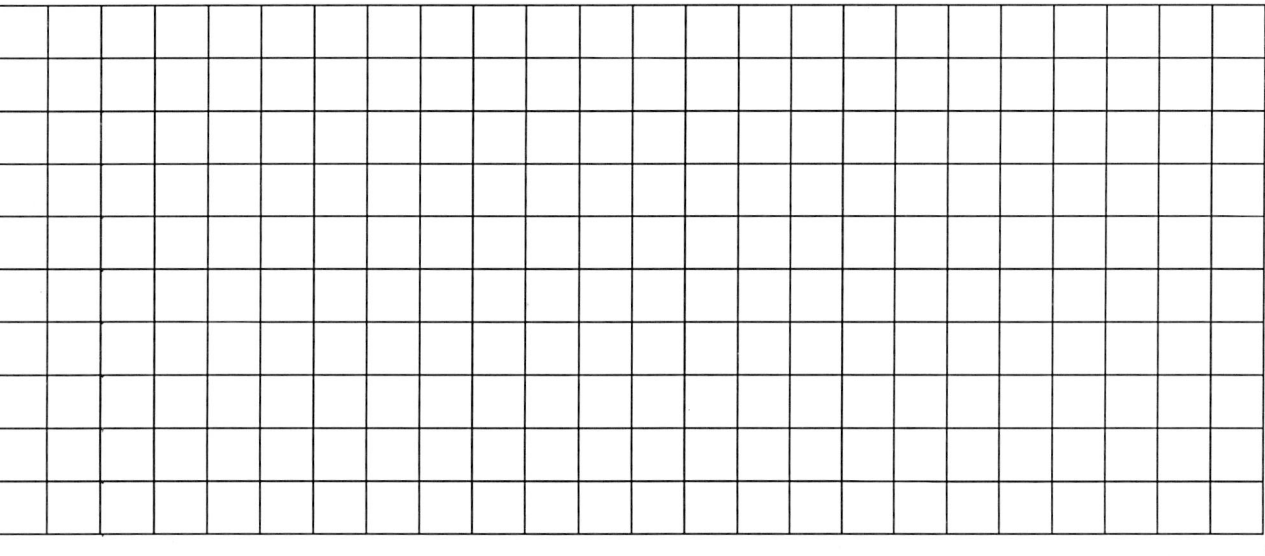

Würfel flicken

 Zeichne die angefangenen Würfel weiter.

 Die schrägen Kanten sind immer halb so lang wie die geraden Kanten.

Beispiel zu 1.: die vorderen Kanten des Würfels sind 4 Kästchen lang. Die schrägen Kanten nach hinten sind nur halb so lang und gehen deshalb schräg durch 2 Kästchen.

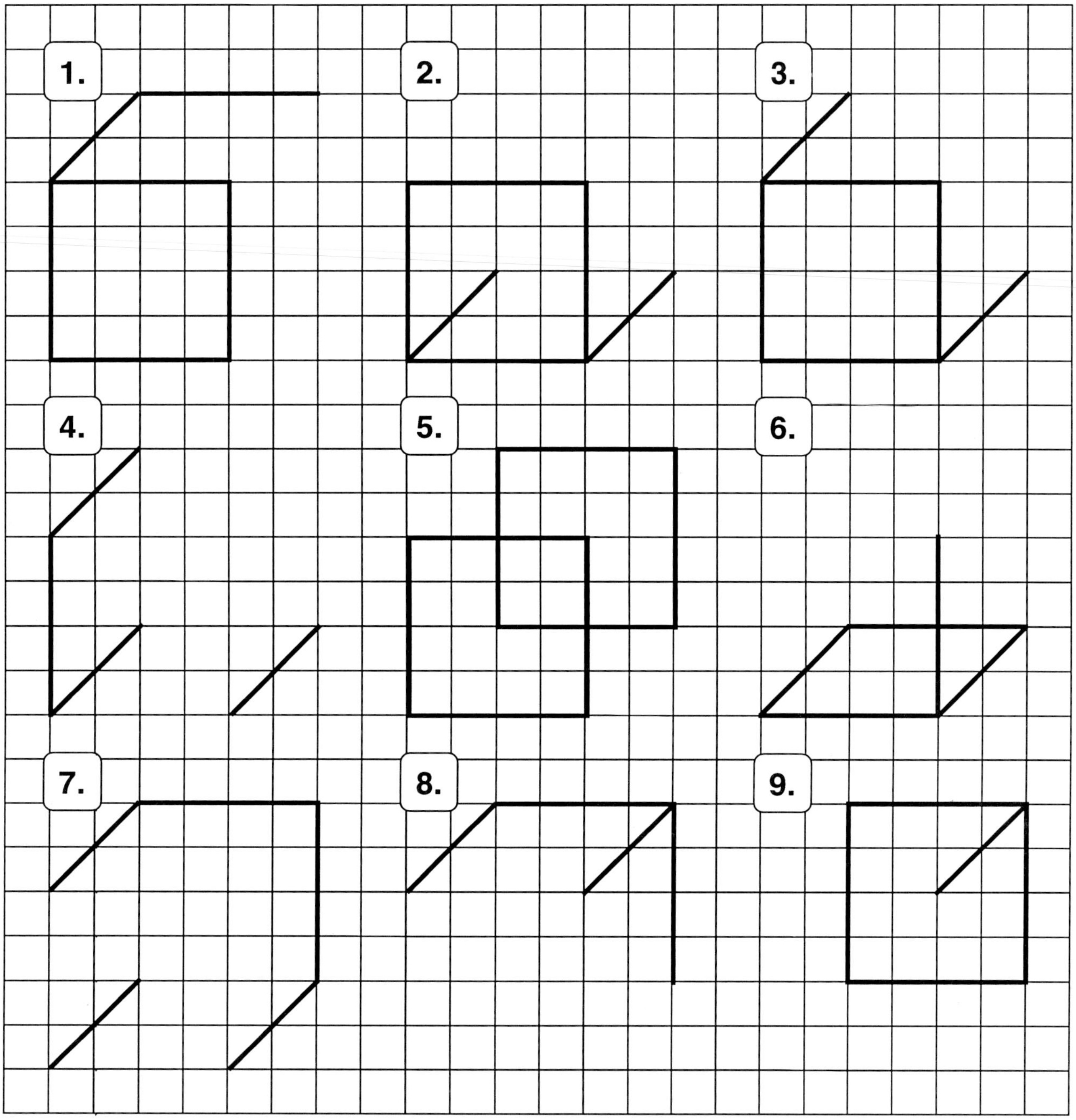

Geometrie: So geht's

Baukünstler

 Zeichne dein eigenes Würfelbauwerk.

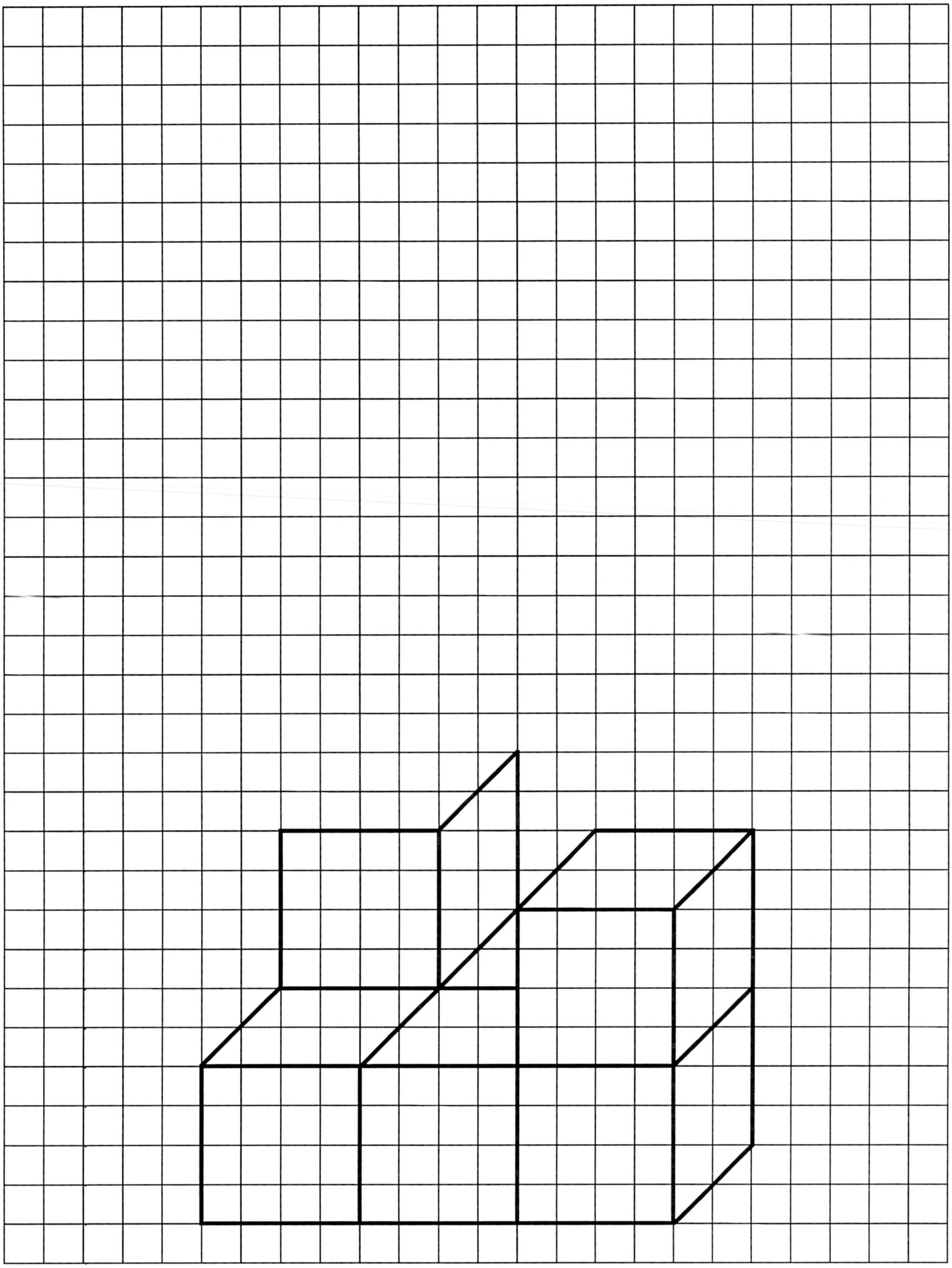

Geometrie:  So geht's

Würfel-Kipp-Spiel

 Nimm einen Würfel und lege ihn vor dich auf den Tisch.
Kippe ihn in die jeweils angegebene Richtung.
Zeichne die Punkte ein, die du siehst.

Das bedeuten die Pfeile:

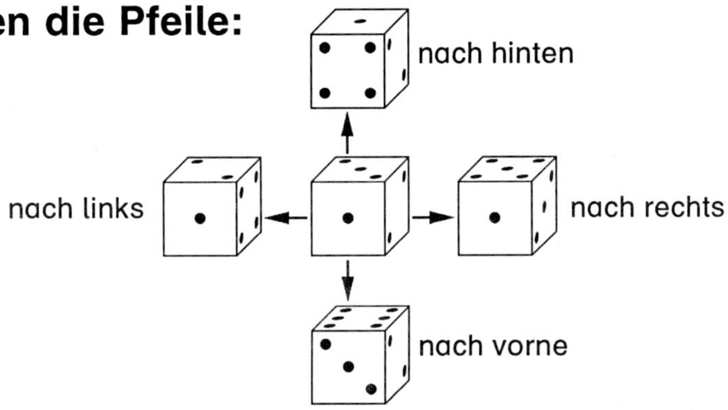

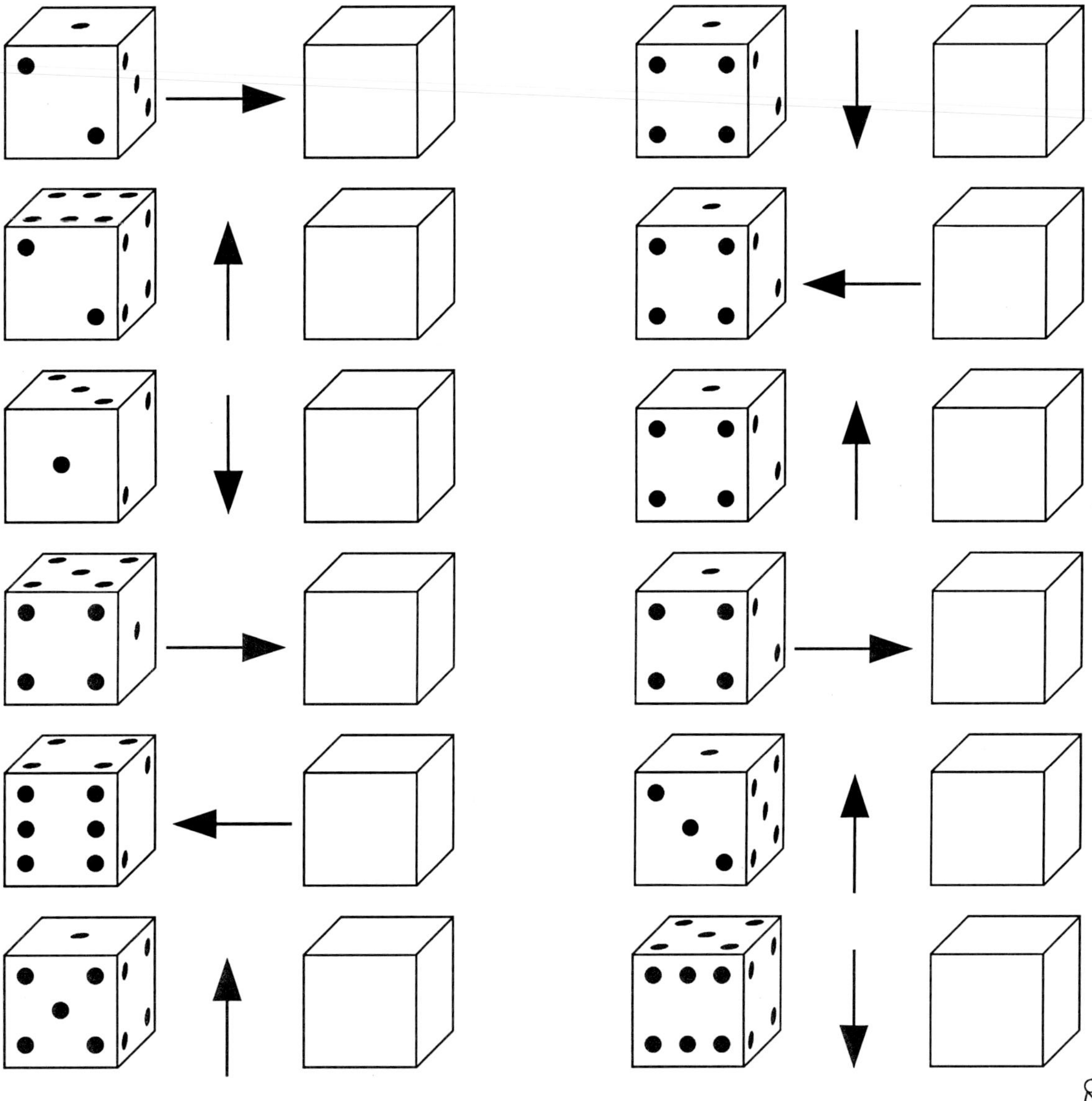

Geometrie:

Kipp-Spiel für Profis

Nimm einen Würfel und lege ihn vor dich auf den Tisch.
Kippe ihn in die jeweils angegebenen Richtungen. Dabei musst du jedoch beachten, dass dein Würfel nach den Kippbewegungen die angegebene Würfelzahl erreicht hat. Du musst also deinen Würfel von vornherein richtig vor dich hinlegen. Zeichne die Punkte ein, die du zwischen den Kippbewegungen siehst.

Das bedeuten die Pfeile:

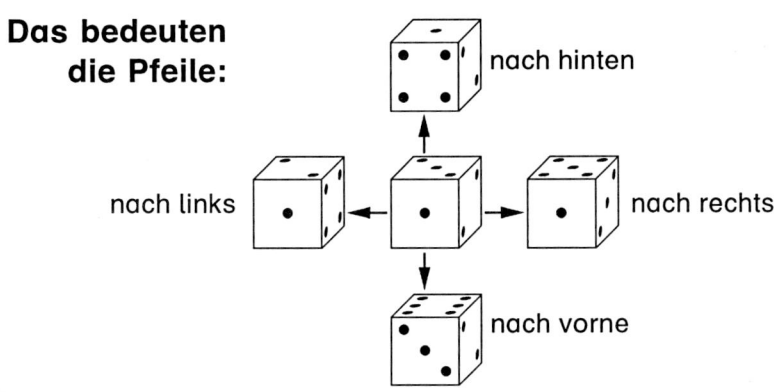

| Würfel von oben | leere Würfelfelder zum Reinschreiben | die gesuchte Würfelzahl |

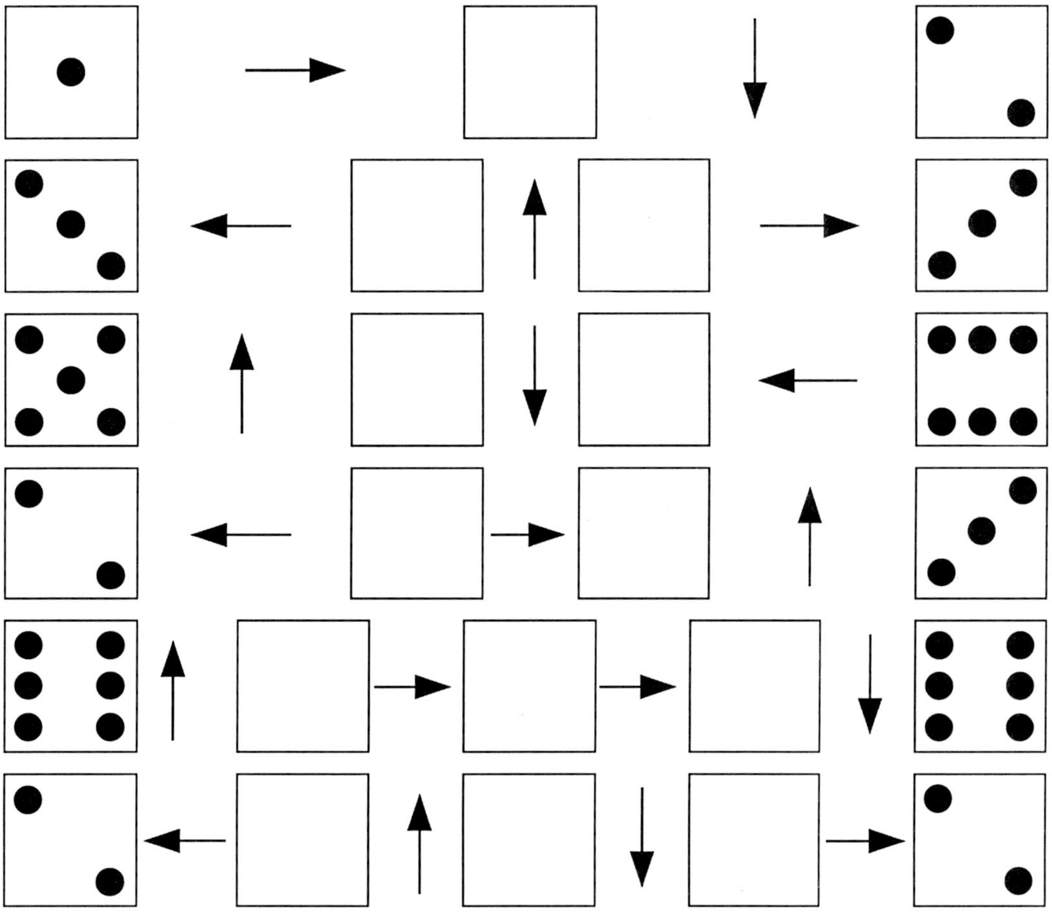

Geometrie:  So geht's

Ein Körper mit dem Namen Quader

Eine Streichholzschachtel ist ein Quader.
Die einzelnen Flächen eines Quaders nennt man so:
Deckfläche, Seitenflächen und Grundfläche.

Schneide das Quadernetz aus und male die Flächen, die sich nach dem Zusammenbauen gegenüberliegen, in den gleichen Farben aus. Klebe dann das Quadernetz mit der Schrift nach außen zu einer Schachtel zusammen.

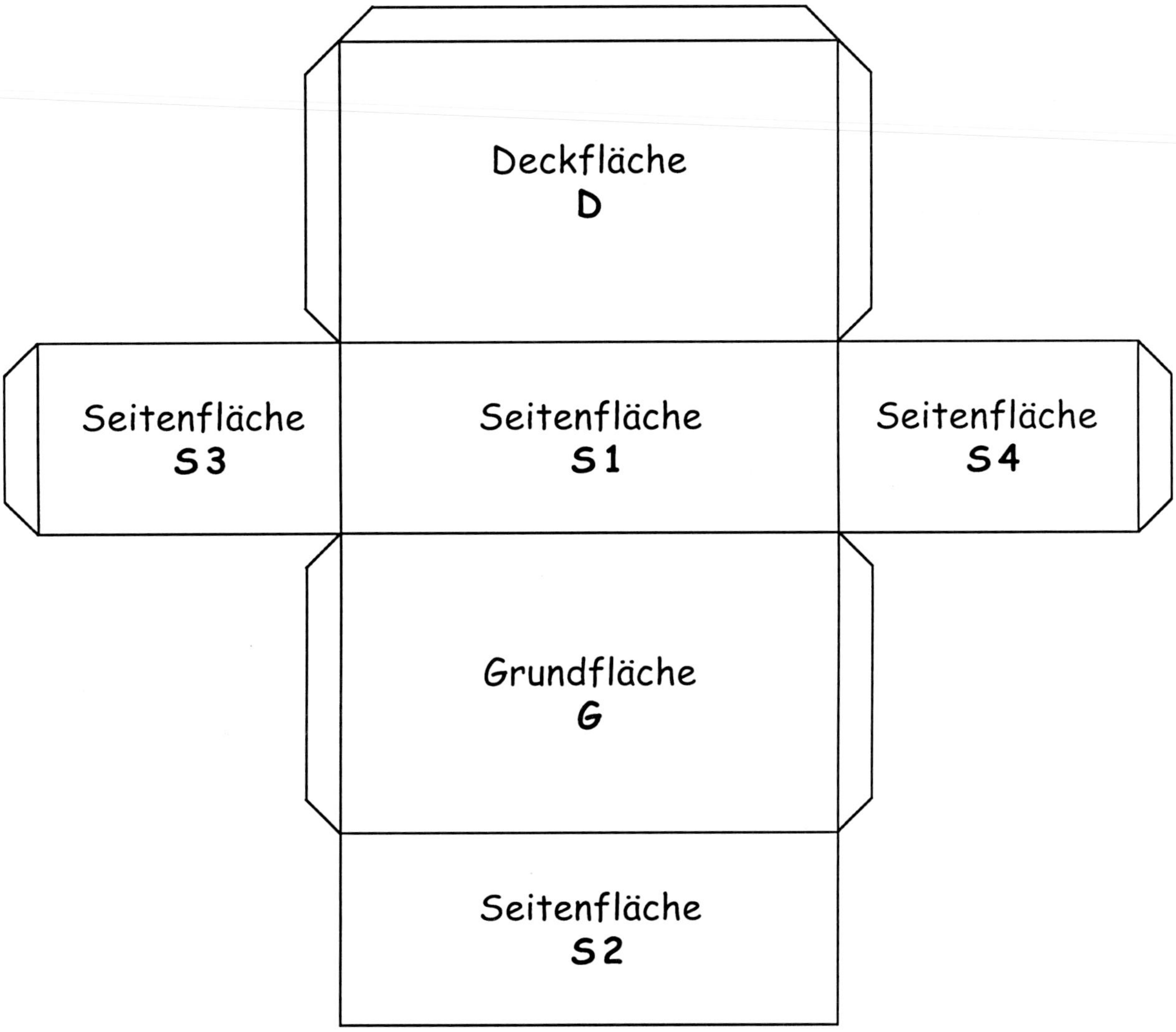

Deckfläche
D

Seitenfläche
S3

Seitenfläche
S1

Seitenfläche
S4

Grundfläche
G

Seitenfläche
S2

Schachtel-Kipp-Spiel

 Kippe deine gebastelte Schachtel nach den folgenden Kipp-Regeln: Stelle die Schachtel auf die Fläche, die in der Zeichnung markiert ist, und kippe sie dann in die vorgegebenen Richtungen.

Das bedeuten die Abkürzungen:
r = rechts, l = links,
v = nach vorne, h = nach hinten

Trage die Abkürzungen für die Flächen in die entsprechenden Felder ein.

1. G

G = Grundfläche
Kippen: r v v l

2. S4

S4 = Seitenfläche 4
Kippen: l v v

4.

G = Grundfläche
Kippen: r h l h h

3. D

D = Deckfläche
Kippen: r v r

G

Geometrie: *So geht's*

Quader-Netze

 Welche Netze sind Schachtelnetze? Kreise sie ein!

 Es sind 6 Stück.

Wenn es gar nicht klappt, baue die Quader doch einfach mal nach.

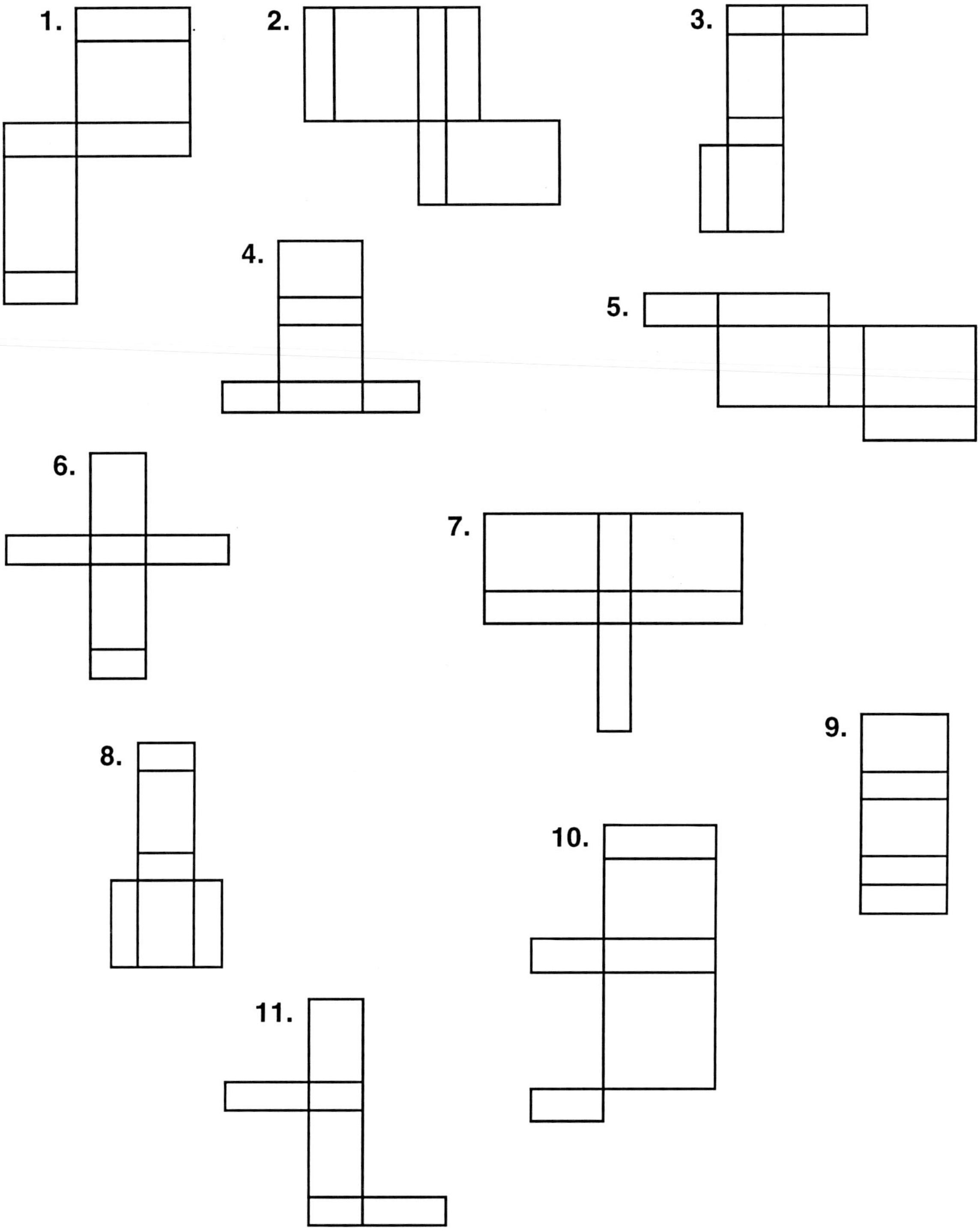

Schachtelknobeleien für Tüftler (1)

 Besorge dir 2 gleich große Streichholzschachteln und versuche die Bauwerke unten zu ertüfteln.

Ansichten einer Streichholzschachtel

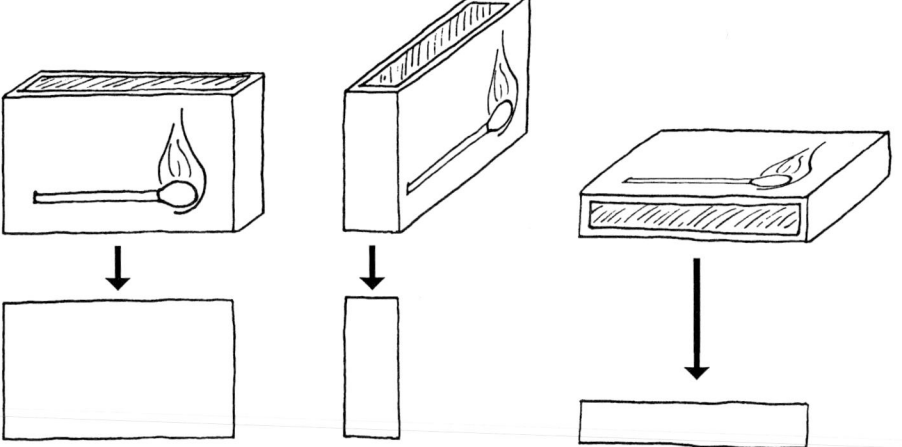

1.

| 1. Seitenansicht | 2. Seitenansicht | Draufsicht |

2.

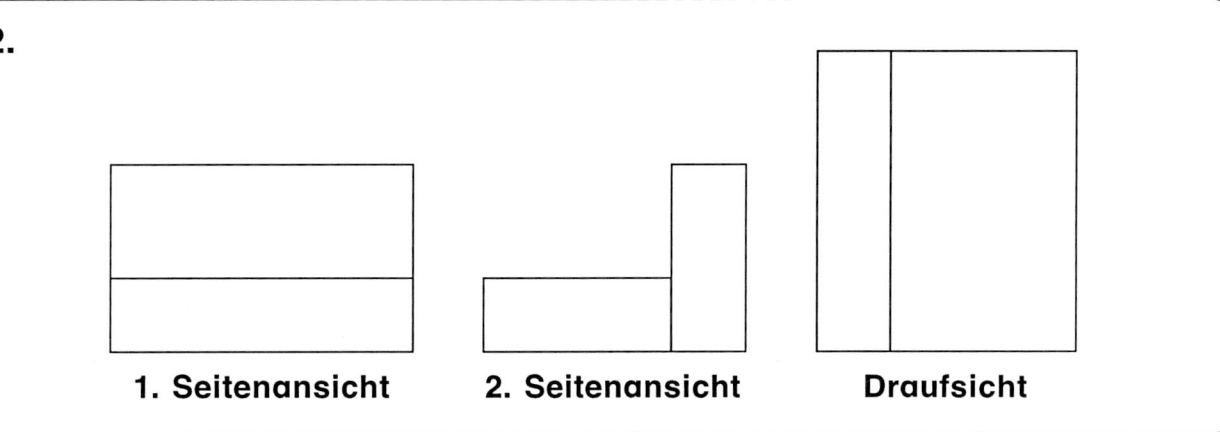

| 1. Seitenansicht | 2. Seitenansicht | Draufsicht |

Geometrie: So geht's

Schachtelknobeleien für Tüftler (2)

Na, konntest du Arbeitsblatt (1) lösen? Besorge dir jetzt 8 gleich große Streichholzschachteln und versuche die Bauwerke unten zu ertüfteln.

1.

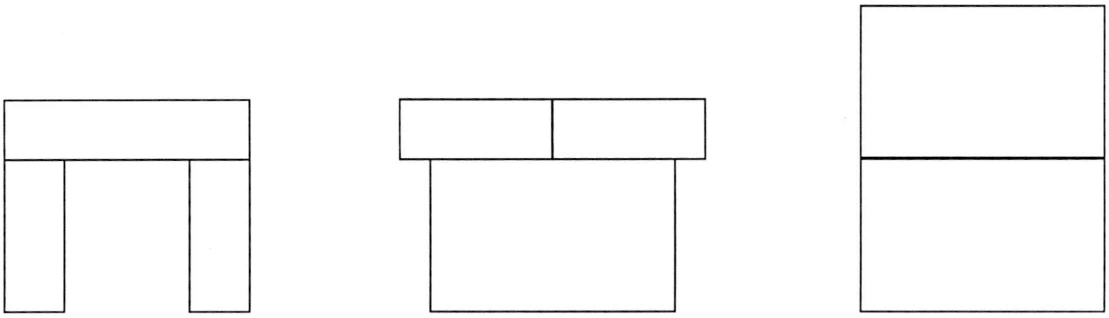

1. Seitenansicht   2. Seitenansicht   Draufsicht

2.

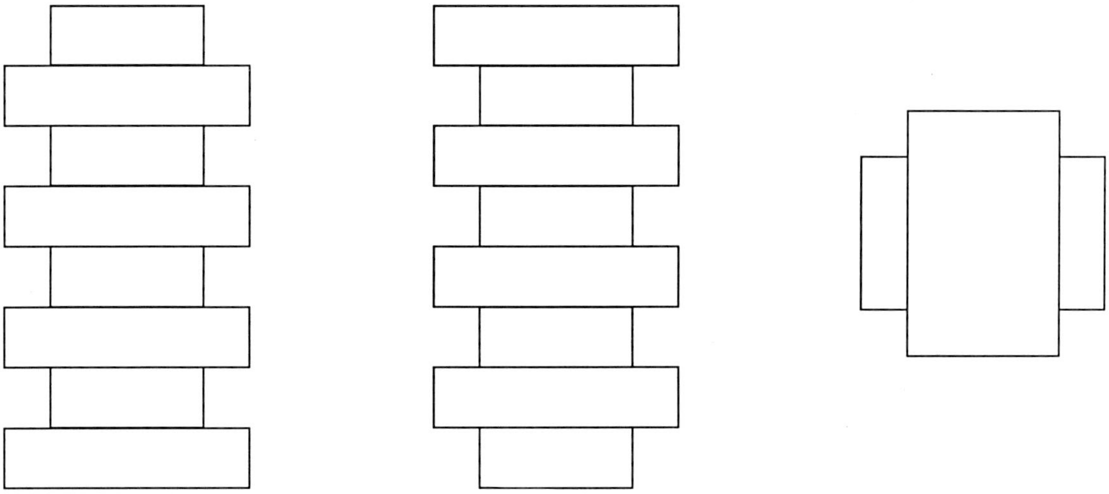

1. Seitenansicht   2. Seitenansicht   Draufsicht

3.

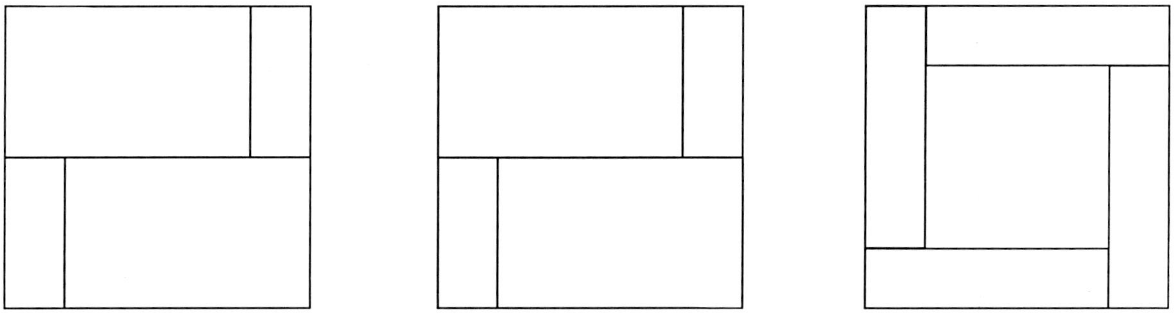

1. Seitenansicht   2. Seitenansicht   Draufsicht

Geometrie: So geht's

Muster-Bilder

Aus Mustern kann man viele phantasievolle Bilder zaubern. Berühmte Künstler wie **Bridget Rily** und **Douat** haben zum Beispiel tolle Muster-Bilder gemacht, die so ähnlich aussehen, wie dieses hier:

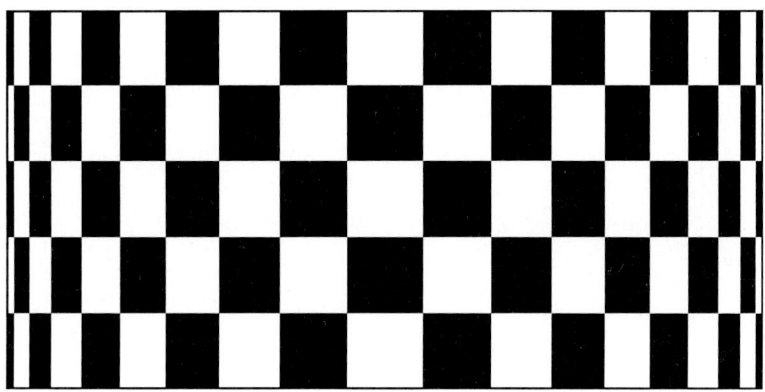

Jeden Tag siehst du Muster um dich herum. Ein Weg ist zum Beispiel mit Mustern aus Pflastersteinen ausgelegt oder der Badezimmerboden ist mit Fliesen belegt, die ein geometrisches Muster bilden.

 Male das Muster auf den Pflastersteinen weiter.

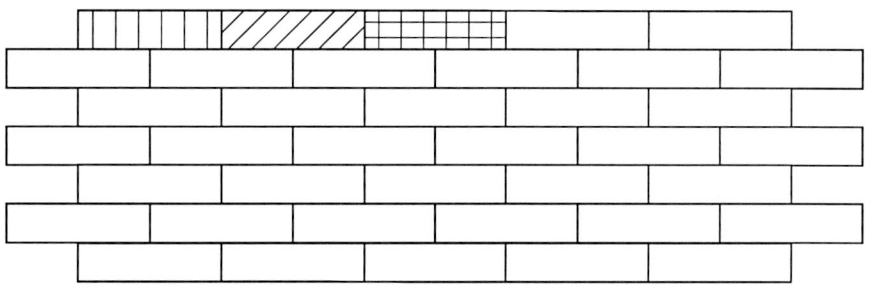

 Male die Muster auf dem Fliesenboden weiter.

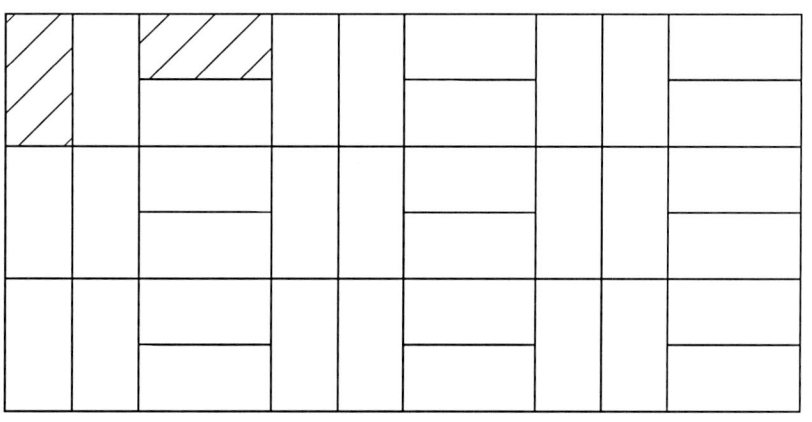

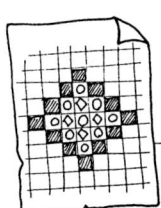

Jede Menge Muster

 **1.** Zeichne die Muster in den angegebenen Farben weiter.

(rot)(rot)(blau)(blau)(gelb)(gelb)(rot)( )( )( )( )( )( )( )

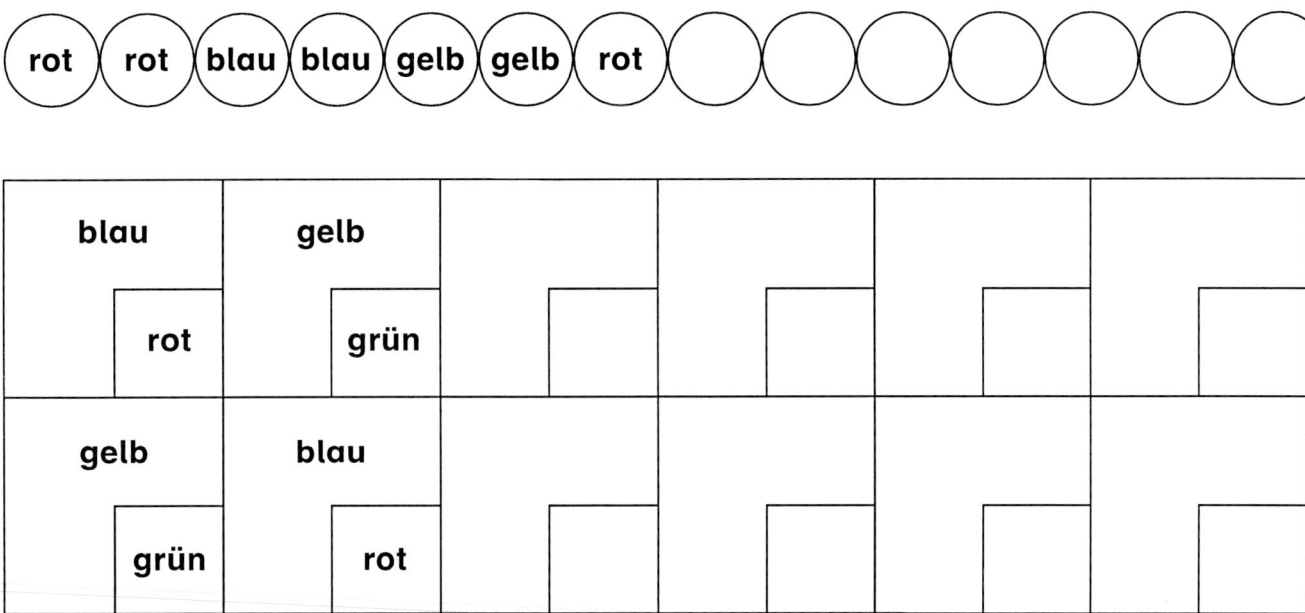

blau	gelb				
rot	grün				
gelb	blau				
grün	rot				

 **2.** Zeichne die Muster weiter. Male sie dann an.

grün / blau / grün

rot | rot
gelb | gelb

blau | blau
blau | blau

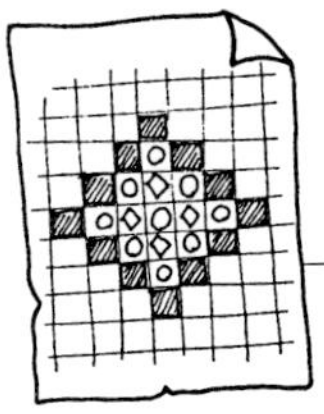

Muster entdecken (1)

 Male die Muster mit den entsprechenden Farben an.
Schau dir dann das Muster an.
Es wächst immer weiter.
Finde heraus, nach welchen Regeln es wächst.

 Eine kleine Hilfe ist eingebaut.
Achte auf die dicken schwarzen Striche.

Setze in Bild 2 und 3 das Muster fort.

Bild 1

1	2	2	1
3	1	1	3
1	2	2	1

1	= blau
2	= gelb
3	= rot

Bild 2

1	2	2	2	2	1
3	1	2	2	1	3
3	3	1	1	3	3
3	1	2	2	1	3
1	2	2	2	2	1

Bild 3

1	2	2	2	2	2	2	1
3	1	2	2	2	2	1	3
3	3	1	2	2	1	3	3
3	3	3	1	1	3	3	3
3	3	1	2	2	1	3	3
3	1	2	2	2	2	1	3
1	2	2	2	2	2	2	1

Muster entdecken (2)

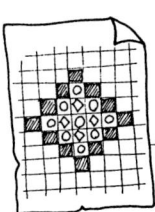 

 Male das letze Muster (S. 58) ab und setze es richtig fort.

Bild 4

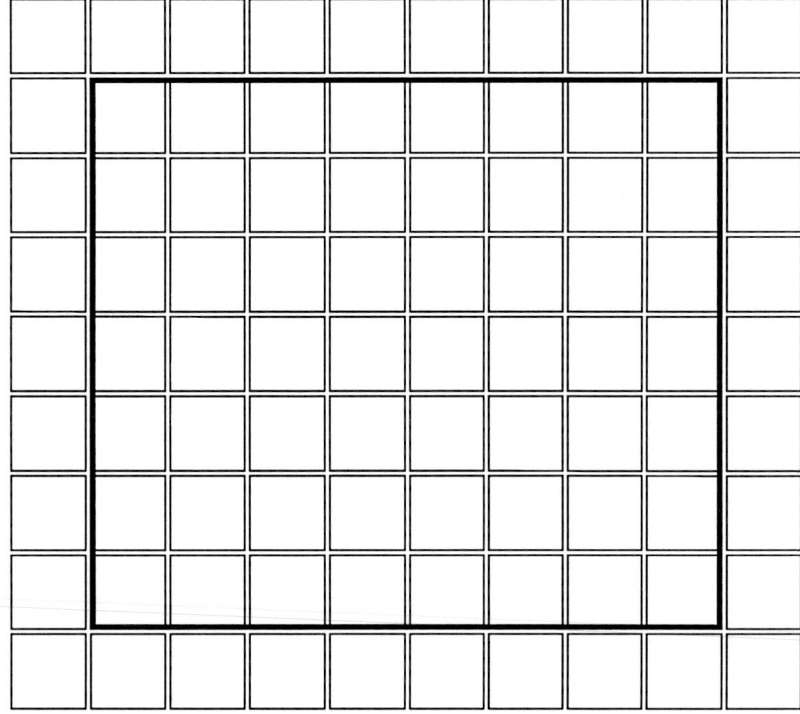

Bild 5

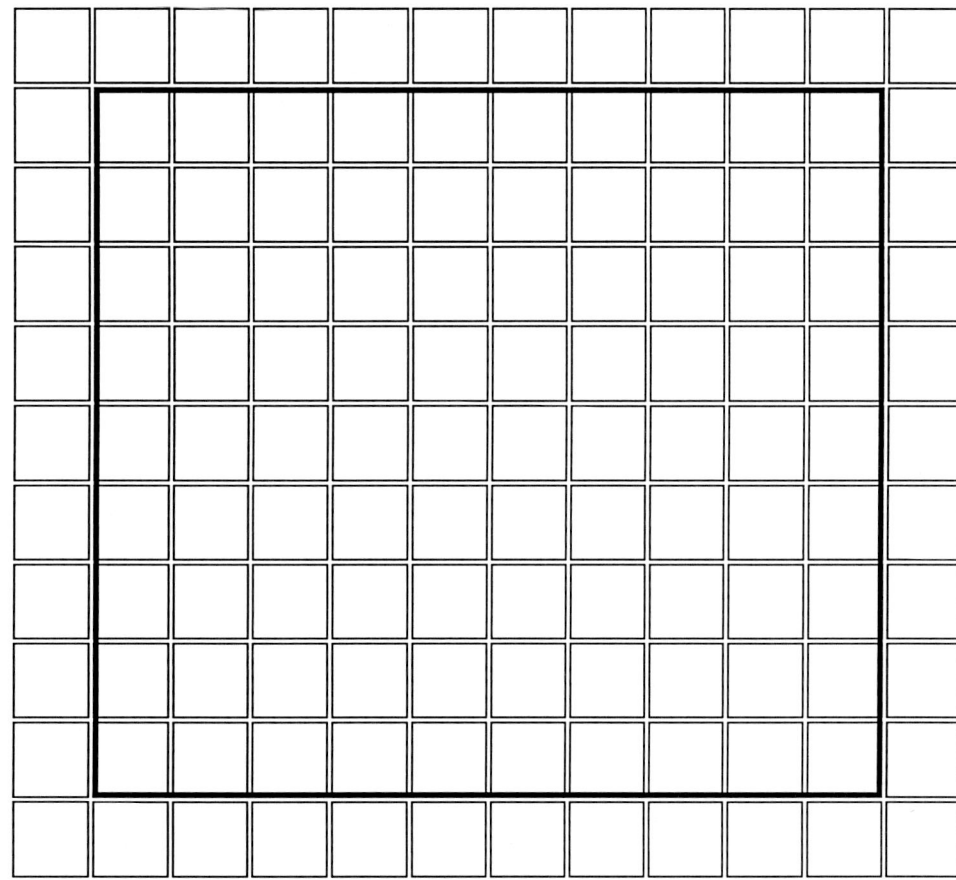

Geometrie:  So geht's

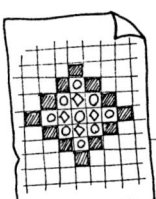# Muster entdecken (3)

 1. Um wie viele Kästchen sind jeweils die Bilder gewachsen?

Jedes Bild ist um _____ Kästchen in die Höhe und _____ Kästchen in die Breite gewachsen.

 2. Zähle nach und schreibe die Anzahl der jeweiligen Kästchen in die Tabelle.

	Bild 1	Bild 2	Bild 3	Bild 4	Bild 5
blaue Quadrate					
rote Quadrate					
gelbe Quadrate					
alle zusammen					

 3. Wie groß ist die Differenz der Quadrate zwischen den einzelnen Bildern? Schreibe sie auf. Was stellst du fest?

	Bild 1	Bild 2	Bild 3	Bild 4	Bild 5
blaue Quadrate					
rote Quadrate					
gelbe Quadrate					

 4. Welche Farbe wächst am schnellsten?

_____

 5. Welche Farbe wächst am langsamsten?

_____

 6. Wie viele Quadrate jeder Farbe würden wohl in Bild 6 vorkommen?

_____ blaue Quadrate _____ rote Quadrate

_____ gelbe Quadrate

Geometrie: So geht's

Würfel-Puzzle

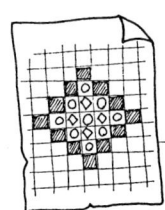

Male die Flächen der Würfel in den angegebenen Farben an.
Schneide dann die Würfel aus.
Schneide auch das Spielfeld unten aus.

1 = blau
2 = grün
3 = gelb
4 = orange
5 = rot
6 = lila

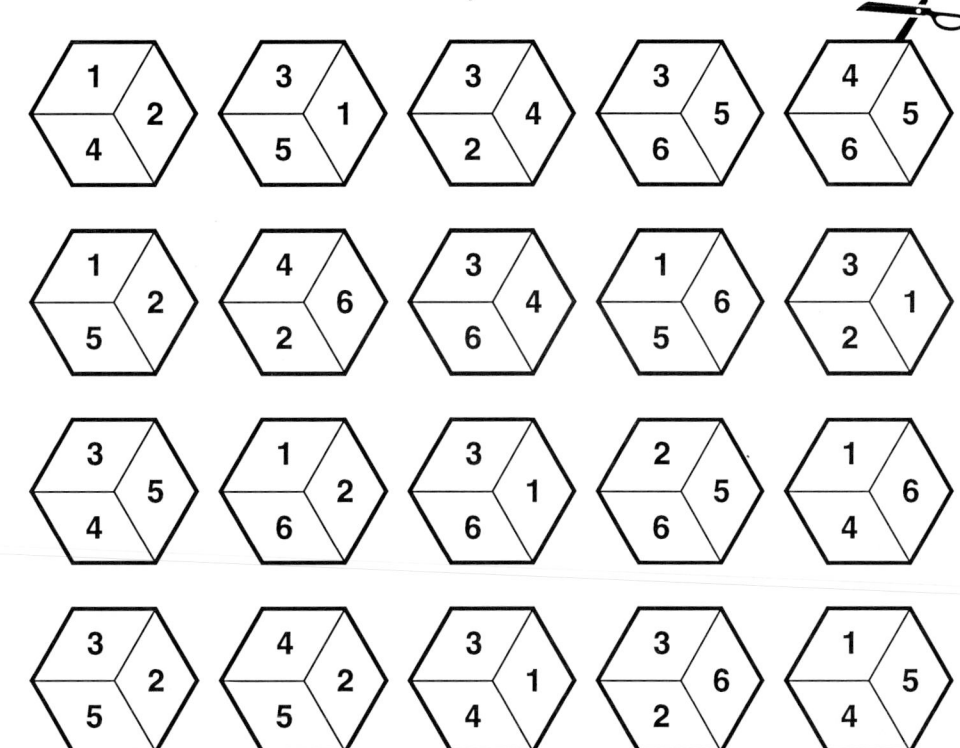

Spielregel:
Lege die Würfel so auf das Spielfeld, dass sich nur Flächen mit gleicher Farbe berühren.

Du kannst das Puzzle-Spiel auch mit einem Partner spielen:

Mischt dann die Würfel. Jeder bekommt die Hälfte davon. Dann legt ihr sie abwechselnd auf den Plan.

Geometrie: So geht's

Musterkünstler

Ganz besondere Muster kann man in Bildern des holländischen Künstlers **Maurits Escher** sehen. Schaut doch einmal in Kunstbüchern nach, welche tollen Muster-Bilder Escher angefertigt hat.

Escher hat zum Beispiel zwei verschiedene Vogelbilder so oft wiederholt und aneinandergereiht, dass ein ganz tolles Muster entstand. Findest du dieses Bild in den Büchern?

Du kannst dich selbst als Musterkünstler versuchen.

Dafür brauchst du:
- ein Stück Pappe (DIN-A4 oder größer)
- Lineal und Bleistift
- einen Zeichenblock
- Wassermalfarben

 **So geht es:**

1. Zuerst musst du dir eine Schablone herstellen. Dabei musst du so vorgehen:
   - Teile deine Pappe in vier gleich große Rechtecke ein.
   - Zeichne dann in eins der Rechtecke ein Muster ein (ähnlich wie du es hier siehst). Was du auf der einen Seite an Form wegnimmst, gibst du auf der anderen Seite deines Musters wieder hinzu.
   - Dann schneidest du dein Muster aus. Fertig ist die Schablone.

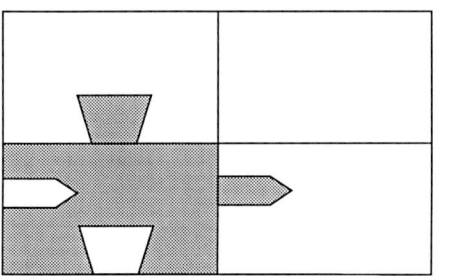

2. Lege deine fertige Schablone auf deinen Zeichenblock und umfahre sie. Lege sie wie ein Puzzle immer wieder aneinander und umfahre sie dabei immer wieder. So entsteht ein spannendes Muster.

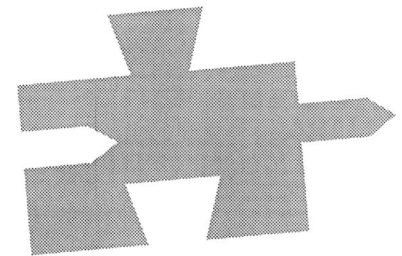

3. Male dann die Muster mit Wasserfarben bunt aus.

Geometrie: So geht's

 # Für Flächendetektive (1)

1. Welcher Flachland-Bewohner bin ich?

a) Ich habe 3 Ecken und 3 Seiten. _____

b) Ich habe 4 Ecken und 4 gleich lange Seiten. _____

c) Ich habe 4 Ecken und meine gegenüberliegenden Seiten

sind gleich lang. _____

d) Ich habe überhaupt keine Ecken und auch keine Seiten. _____

2. Schreibe die Namen zu den Flächen.

a)  **b)**  **c)** 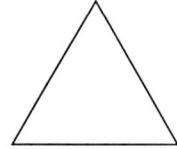 **d)**

_____ _____ _____ _____

3. Welche Flächen haben sich hier versteckt?

Male die Flächen so an:
Dreiecke: *rot*
Kreise: *blau*
Quadrate: *grün*
Rechtecke: *gelb*

Zähle die Flächen:

Es sind ____ Dreiecke.

Es sind ____ Kreise.

Es sind ____ Quadrate.

Es sind ____ Rechtecke.

4. Welche Flächen haben sich hier versteckt? Zeichne sie ein.

Geometrie: So geht's

Für Flächendetektive (2)

teste dich

1. Kreuze die richtigen Aussagen an:

☐ Das Quadrat hat 5 Ecken.
☐ Der Kreis ist rund und hat keine Ecken.
☐ Beim Rechteck sind alle Seiten gleich lang.
☐ Das Dreieck hat drei Ecken und drei Seiten.
☐ Beim Quadrat sind alle Seiten gleich lang.

2. Wie groß sind die Flächen? Berechne sie.

a) 8 m, 5 m ____ m²

b) 6 m ____ m²

c) 2 m, 5 m ____ m²

3. Wie groß ist der Umfang der Flächen? Rechne aus.

a) 9 m, 4 m, 2 m, 7 m, 4 m, 6 m, 9 m, 7 m ____ m

b) 7 m, 5 m, 5 m, 9 m, 8 m, 2 m ____ m

Geometrie: So geht's

Für Körperdetektive (1)

1. Wie heißen die Körper?
Schreibe zu jedem Bild den richtigen Namen.

a)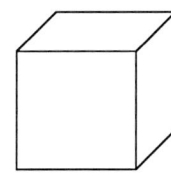
_____

b)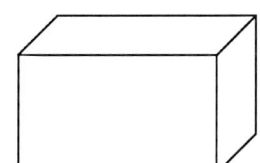
_____

c)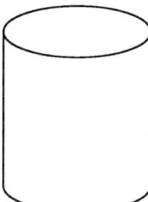
_____

d)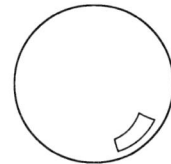
_____

e)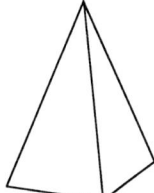
_____

f)
_____

2. Zu welchem Körper gehören die Netze?
Schreibe zu jedem Bild den richtigen Namen.

a) 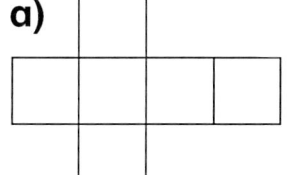 _____

b)  _____

c) 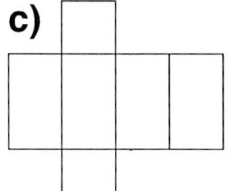 _____

d) 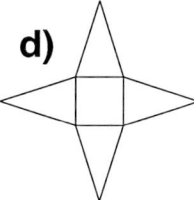 _____

3. Welche Körper werden hier beschrieben?

a) Der gesuchte Körper hat 6 Flächen, 12 Kanten und 8 Ecken.
Seine Flächen sind alles Quadrate.

_____

b) Der gesuchte Körper hat eine Kante und eine ganz spitze Ecke.
Seine Grundfläche ist ein Kreis.

_____

c) Der gesuchte Körper hat 5 Flächen, 8 Kanten, 4 Ecken und eine ganz spitze Ecke.
Seine Seitenflächen sind Dreiecke und seine Grundfläche ist ein Quadrat.

_____

Geometrie: So geht's

Für Körperdetektive (2)

1. Kreuze die richtige Aussagen an:

☐ Der Würfel hat 8 Seiten.
☐ Der Würfel hat 6 Seiten.
☐ Der Würfel hat 12 Kanten.
☐ Alle Flächen vom Würfel sind Quadrate.
☐ Der Würfel hat 8 Ecken.
☐ Der Würfel hat 6 Ecken.

2. Aus welchen Netzen kannst du Würfel bauen? Kreise sie ein!

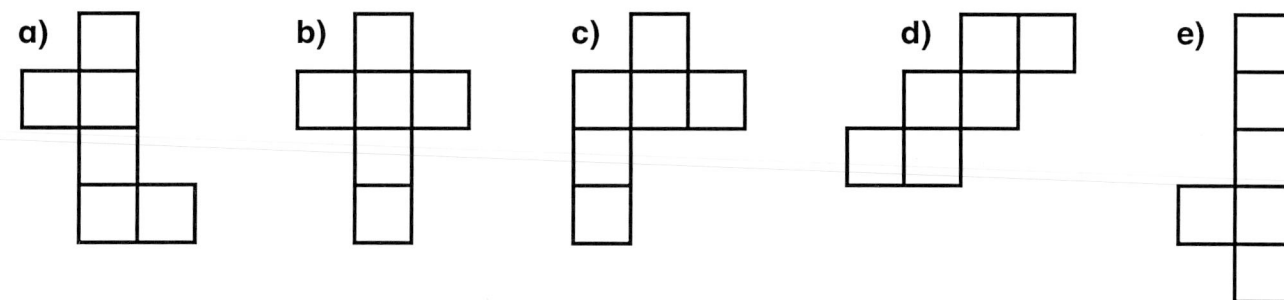

a) b) c) d) e)

3. Zeichne den Würfel richtig.

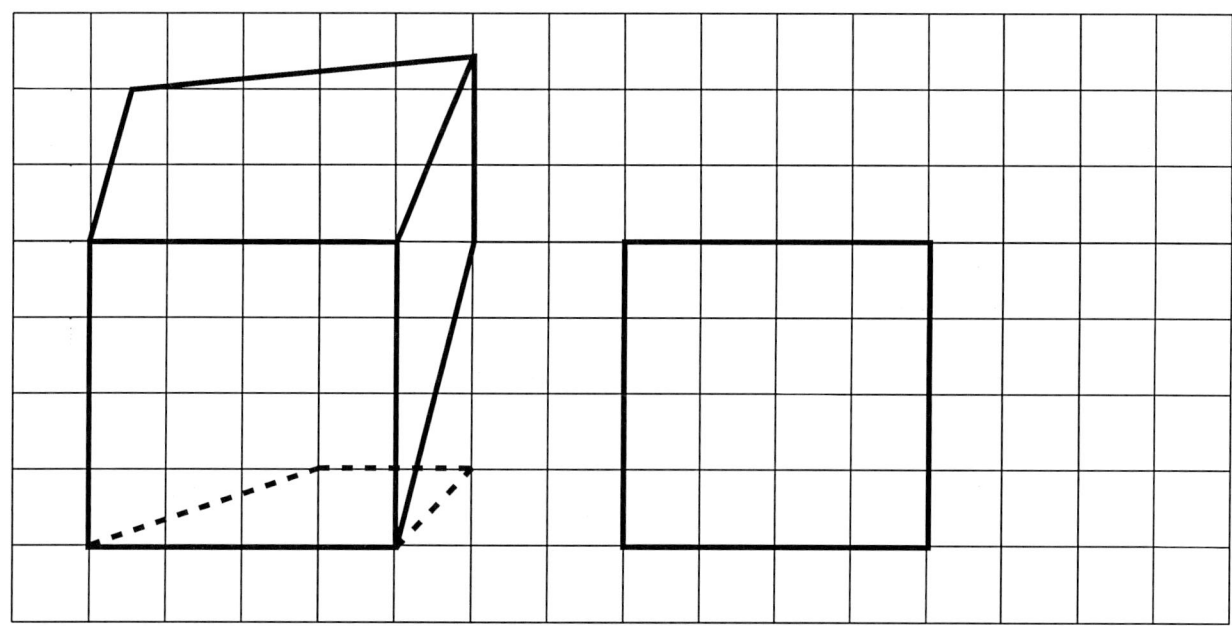

Geometrie: So geht's

Lösungen

Seite 16
— Wie scharf sind deine Augen

Fläche A passt auf Nr. 14
Fläche B passt auf Nr. 20
Fläche C passt auf Nr. 7
Fläche D passt auf Nr. 23

Seite 25
— Quadratmeter
1. 21 m²
2. 32 m²
3. 12 m²
4. 18 m²
5. 16 m²
6. 20 m²

Seite 26
— Quadratmeter für Profis
1. Die restliche Fläche des Gartens beträgt 34 m².
2. Sie müssen für 8 m² Fliesen kaufen.
3. Der Garten ist 150 m² groß
   Blumenbeet 8 m²
   Terrasse 15 m²
   Gemüsebeet 21 m²
   Hühnerstall 12 m²
   Gartenhaus 16 m²
   Gartenweg 9 m²
   Rasenfläche 64 m²
   Es bleiben für das Rosenbeet 5 m² übrig.

Seite 28
— Flächen-Umfang
1. 14 m
2. 16 m
3. 12 m
4. 38 m
5. 22 m

Seite 29
— Umfangberechnungen für Profis
1. Familie Klein kaufen 42 m Zaun.
2. Das Blumenbeet von Familie Groß wird 46 m lang.
3. Die Hecke von Familie Hansen wird 40 m lang.

Seite 37
— Für Körper-Forscher
1. Weil sie besser aufeinander gestapelt werden können.
2. Sie rollen nicht weg und verbrauchen weniger Platz, da sie mehr in die Höhe, als in die Breite reichen.
3. Damit sie rollen können.
4. Quader und Würfel.
5. /
6. /
7. Zylinder
8. Pyramide
9. Kegel
10. Diese Räder rollen nicht.

Seite 39
— Ecken – Flächen – Kanten
Würfel:
8 Ecken, 6 Flächen, 12 Kanten
Quader:
8 Ecken, 6 Flächen, 12 Kanten
Zylinder:
0 Ecken, 3 Flächen, 2 Kanten
Kugel:
0 Ecken, 1 Fläche, 0 Kanten
Kegel:
1 Ecke, 2 Flächen, 1 Kante
Pyramide:
5 Ecken, 5 Flächen, 8 Kanten

Seite 40
— Körper-Rätsel
1. Würfel
2. Quader
3. Kugel
4. Pyramide
5. Kegel
6. Zylinder

Seite 44
— Dem Würfelnetz auf der Spur
Aus diesen Netzen kann man einen Würfel bauen:
Netz-Nr. **2.**, **8.**, **10.**, **11.**, **17.**, **23.**, **24.**, **31.**, **32.**, **33.**, **35.**

Seite 45
— Würfelbauten
1. 15
2. 16
3. 30
4. 21
5. 107

Seite 49
Würfel-Kipp-Spiel

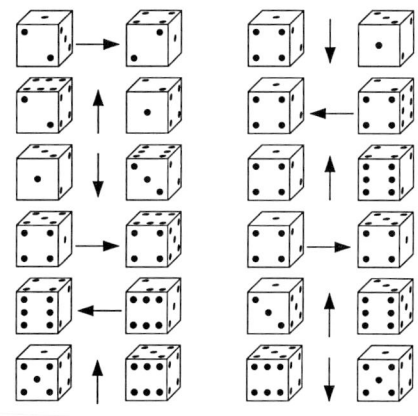

Seite 50
— Kipp-Spiel für Profis

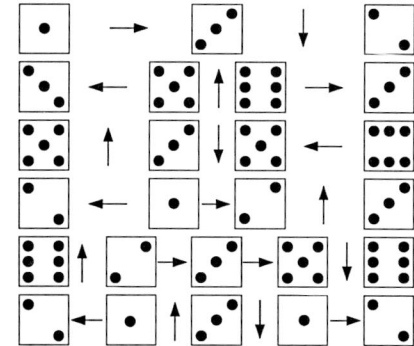

Seite 52
— Schachtel-Kipp-Spiel

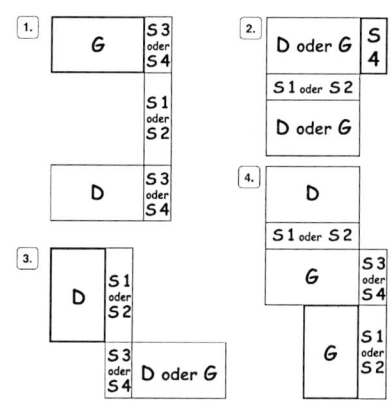

Lösungen

Seite 53
— **Quader-Netze**

Aus diesen Netzen können Quader gebaut werden: Netz-Nr. 3., 4., 5., 6., 8., 11.

Seite 60
— **Muster entdecken (3)**

1. Jedes Bild ist um 2 Kästchen in die Höhe und 2 Kästchen in die Breite gewachsen.

2.

	Bild 1	Bild 2	Bild 3	Bild 4	Bild 5
blaue Quadrate	6	10	14	18	22
rote Quadrate	2	8	18	32	50
gelbe Quadrate	4	12	24	40	60
alle zusammen	12	30	56	90	132

3.

	Bild 1	Bild 2	Bild 3	Bild 4	Bild 5
blaue Quadrate	4	4	4	4	
rote Quadrate	6	10	14	18	
gelbe Quadrate	8	12	16	20	

4. Die gelben Quadrate wachsen am schnellsten.
5. Die blauen Quadrate wachsen am langsamsten.
6. 26 blaue Quadrate, 72 rote Quadrate, 84 gelbe Quadrate

Seite 63
— **Für Flächendetektive (1)**

1. a) Dreieck
   b) Quadrat
   c) Rechteck
   d) Kreis
2. a) Rechteck
   b) Quadrat
   c) Dreieck
   d) Kreis
3. 6 Dreiecke, 6 Kreise, 7 Rechtecke, 5 Quadrate
4. Verschiedene Lösungen möglich

Seite 64
— **Für Flächendetektive (2)**

1. Richtige Aussagen:
   Der Kreis ist rund und hat keine Ecken.
   Das Dreieck hat drei Ecken und drei Seiten.
   Beim Quadrat sind alle Seiten gleich lang.
2. a) 40 m^2
   b) 36 m^2
   c) 10 m^2
3. a) 48 m
   b) 36 m

Seite 65
— **Für Körperdetektive (1)**

1. a) Würfel
   b) Quader
   c) Zylinder
   d) Kugel
   e) Pyramide
   f) Kegel

2. a) Würfel
   b) Kegel
   c) Quader
   d) Pyramide

3. a) Würfel
   b) Kegel
   c) Pyramide

Seite 66
— **Für Körperdetektive (2)**

1. Richtige Aussagen:
   Der Würfel hat 6 Seiten.
   Der Würfel hat 12 Kanten.
   Alle Flächen vom Würfel sind Quadrate.
   Der Würfel hat 8 Ecken.
2. Aus folgenden Netzen kann man Würfel bauen: **a, b, d**

Literatur und mehr rund um die Geometrie

 Literatur rund um die Geometrie

Für den Lehrer
Franke, Marianne:
Didaktik der Geometrie Mathematik Primarstufe. Spektrum 2000.
ISBN 3-8274-0994-2

Radatz, Hendrik/ Rickmeyer, Knut:
Handbuch für den Geometrieunterricht an Grundschulen. Schroedel Schulbuch Verlag 1991.
ISBN 3-507-34040-2

Schulz, Andrea:
Fördern im Mathematikunterricht – Was kann ich tun? Berlin 1994.
ISBN 3-89517-761-X

Struve, Horst:
Grundlagen einer Geometriedidaktik. Mannheim, Wien, Zürich 1990.
ISBN 3-341-01259-1

 Unterrichtsbücher

Franke, Marianne:
Spiel mal mit Figuren Tl.1. Geometrie für Klasse 1/2. Aulis Deubner 1999.
ISBN 3-7614-2121-4

Franke, Marianne:
Spiel mal mit Figuren Tl.2. Geometrie für Klasse 3/4. Aulis Deubner 1999.
ISBN 3-7614-2122-2

Franke, Marianne/ Schneider, Maike:
Mathe Detektiv: Mit zahlreichen Übungen und Lösungsteil. Tl.2 Geometrie. Volk und Wissen 2001.
ISBN 3-06-001766-2

 Geometrie im Internet

http://did.mat.uni-bayreuth.de/~heike/geo.html
— Geometrieunterricht in der GS

http://home.t-online.de/home/320045474463-0001/cube/Soma-Frage.html
— Rätsel mit Soma-Würfel

http://home.t-online.de/home/M.Pareigat/kinder0.html
— Informationen über Würfel und Quader für Kinder

http://home.t-online.de/home/M.Pareigat/lehrer0.html
— Webbasiertes Lehr- und Lernangebot für eine 3. Grundschulklasse im Fach Mathematik zum Lerninhalt Würfel und Quader, der als Unterrichtsmethode das Lernen an Stationen verwendet.

www.isl.uni-wuppertal.de/gsnew/mquadrat.html
— Knobelaufgabe fürs 2. Schuljahr: Das magische Quadrat

Verlag an der Ruhr

Vorne mit uns

Kids' Corner
Primary Rhymery
Eine Kartei englischer Gedichte für den Kinderalltag

Sonja Dunn

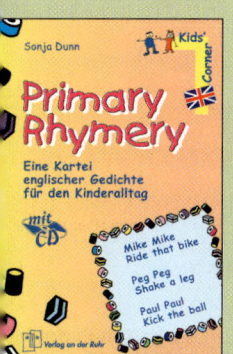

Wenn Sie Sonja Dunns englische Gedichte hören, dann wissen Sie, Sonja liebt die Sprache und sie liebt Kinder. Wir haben sie für die Schule ein wenig nach Alltagsthemen sortiert: Begrüßung, mein Körper, Gesundheit, Ferien, Tiere, Gefühle, Geburtstag, Wetter, Gruseln, Sport mit Lerneffekt auf Englisch.
Auf der beiliegenden CD liest die Autorin selbst ihre Gedichte. Für viele Kinder vielleicht der erste Kontakt mit einem richtigen „native speaker": Zum Mitklatschen, Mitsprechen und Mitmachen.

5 J., 49 S., A4,
osch. + CD
N 3-86072-588-2
st.-Nr. 2588
,20 DM/sFr/279,- öS/
60 €

ABC lernen
mit Gedichten, Bildern und Arbeitsblättern

Neu!

Astrid Grabe, Tanja Schmidt (Illustr.)

Die ABC-Mappe lebt von den witzigen Gedichten und liebevoll gezeichneten Bildern. Jedes ABC-Gedicht gibt es in der Langversion zum Vorlesen und auch als Arbeitsblatt in der verkürzten Version für jedes Kind. Bei entwickelten Fähigkeiten können die Kurzgedichte auch als einfache Lesetexte eingesetzt werden.
Zusätzlich gibt es zu jedem ABC-Gedicht entsprechende Arbeitsblätter mit Bildergeschichten als Mal- oder Schreibanlass, mit Anlaut- und passenden Konzentrationsübungen.

1. Kl., 170 S., A4, Pb.
ISBN 3-86072-648-X
Best.-Nr. 2648
39,- DM/sFr/285,- öS/
19,95 €

s' Corner
ross-Words
Neu!

glische Kreuzworträtsel

a Tokes

wechslungsreiche und kurzweilige
el für Englisch in der Grundschu-
it zehn Buchstaben? Cross-
ds!
A wie „animal" bis Z wie „zip"
Themenbereiche wie
tables, colours bis hin zu
cles.
vertiefenden Üben und Wieder-
n nach einer Englischlektion oder
selbstständigen Erarbeiten eines
schen Grundwortschatzes in der
arbeit.

Ab Kl. 2, 51 S., A4, Papph.
ISBN 3-86072-642-0
Best.-Nr. 2642
33,20 DM/sFr/242,- öS/
17,- €

Aber ich kann doch gar nicht malen!
Kunst unterrichten für „Schwarzseher"

Jakobine Wierz

Ab Kl. 1, 177 S., 16 x 23 cm, Pb.
ISBN 3-86072-562-9
Best.-Nr. 2562
29,85 DM/sFr/218,- öS/15,30 €

Aber ich kann doch gar nicht singen!
Musik unterrichten für „Unmusikalische"

Jackie Silberg

Ab Kl. 1, 175 S., 16 x 23 cm, Pb.
ISBN 3-86072-444-4
Best.-Nr. 2444
29,85 DM/sFr/218,- öS/15,30 €

geht auch ohne Worte –
alkarten für den Unterricht

gang Hund

Bild sagt mehr als tausend Worte!" Unterstüt-
ie Ihr gesprochenes Wort an Ihre Schüler-
mit Bildern. Sie schonen Ihre Stimme und
tteln Ihren Kindern Methoden- und Material-
eise nicht nur akkustisch, sondern auch
. Zudem sind Informationen über
karten beständiger: EA, PA oder GA,
nslauf oder Arbeit in der Werkstatt?
rn, stilles Lesen oder Zweierreihen?
he ich Schere und Kleber oder kariertes
r und einen Bleistift? Sportzeug nicht ver-
! 46 farbige Karten (20 Karten A4, 26
n A5) mit klaren, kindgerechten Zeichnun-
rmöglichen einen sofortigen Einsatz. Eine
für ein entspannteres Lehren und Lernen.

-4, 40 S., A4, vierfarbig, banderoliert
3-86072-443-6
.-Nr. 2443
DM/sFr/219,- öS/16,- €

Die Schnecken-Werkstatt

Neu!

Kathrin Zindler, Stefanie Wieringer

Die Schnecke macht keine Schwierigkeiten, ist leicht zu finden und einzufangen. Bei dem Schneckentempo bleibt genug Zeit die Tierchen genau unter die Lupe zu nehmen: Können Schnecken balancieren? Kriechen Schnecken Glaswände hoch? Wie schnell wachsen ihre Schneckenhäuser?
Auch in der Kunstecke kommt die Schnecke nicht zu kurz, hier basteln die Kinder u.a. Schnecken-Mobiles und bunte Fenster-Schnecken. Folgen Sie der schleimigen Spur der Schnecke und schon nach ein paar Werkstattstunden werden auch die stillsten Kinder aus ihren Häusern kriechen.

Kl. 2–3, 56 S., A4, Papph.
ISBN 3-86072-633-1
Best.-Nr. 2633
31,20 DM/sFr/228,- öS/
16,- €

Verlag an der Ruhr · Postfach 10 22 51 · D–45422 Mülheim an der Ruhr
Tel.: 0208/495040 · Fax: 0208/4950495 · e-mail: info@verlagruhr.de · http://www.verlagruhr.de

Werkstatt-Unterricht als Methode, den SchülerInnen die Kontrolle über Lerngegenstand und -tempo zu geben, gewinnt immer mehr Anhänger – eine Methode, die das Unterrichtsgeschehen für alle daran Beteiligten wesentlich entlastet, wenn man weiß, wie's geht.
Diese Broschüre erklärt step by step und sehr anschaulich: Was ist eine Werkstatt, und wo liegen ihre Stärken und Schwächen? Punkt für Punkt erobern Sie sich die Bausteine einer Werkstatt.
Das fängt bei der Einrichtung der Klasse an und geht über die Rolle der Lehrperson bis zu direkt einsetzbaren Kontrollbögen und Wochenarbeitsplänen. „Was ist Werkstatt-Unterricht" ist weit mehr als ein Appetitanreger. Es ist schon ein echtes Handbuch für alle, die Werkstatt-Unterricht endlich selber ausprobieren wollen und sich bis jetzt noch nicht getraut haben.

Was ist Werkstatt-Unterricht?
Anders Weber
68 S., A5, Pb.
ISBN 3-86072-377-4
Best.-Nr. 2377
11,80 DM/sFr/86,- öS/6,- €

Die Weltraum-Werkstatt
Diana Blume
Kl. 2–5, 62 S., A4, Papph.
ISBN 3-86072-434-7
Best.-Nr. 2434
33,20 DM/sFr/241,- öS/17,- €

Die Feuer-Werkstatt
Feuer, Feuerwehr und Brandschutz
Katja Rodemann, Markus Schneid
Ab Kl. 1, 70 S., A4, Papph.
ISBN 3-86072-474-6
Best.-Nr. 2474
36,- DM/sFr/263,- öS/18,40 €

Verkehrserziehung
Eine Werkstatt
Sabine Willmeroth, Anja Rösgen, Brigitte Moll
Ab Kl. 1, 75 S., A4, Papph.
ISBN 3-86072-600-5
Best.-Nr. 2600
38,- DM/sFr/277,- öS/19,50 €

Flugzeuge, Vögel und was sonst noch flieg
Eine Werkstatt
Uta Brumann
Ab Kl. 3, 60 S., A4, Papph.
ISBN 3-86072-564-5
Best.-Nr. 2564
36,- DM/sFr/263,- öS/18,40

Die Katzen-Werkstatt
Stephanie Cech-Wenning
Ab Kl. 2, 68 S., A4, Papph.
ISBN 3-86072-601-3
Best.-Nr. 2601
36,- DM/sFr/263,- öS/18,40 €

Die Hunde-Werkstatt
Stephanie Cech
Ab Kl. 2, 52 S., A4, Papph.
ISBN 3-86072-475-4
Best.-Nr. 2475
31,20 DM/sFr/228,- öS/16,- €

Die Pferde-Werkstatt
Goranka Bakarič, Petra Mönning, Karolin Willems
Ab Kl. 3, 62 S., A4, Papph.
ISBN 3-86072-602-1
Best.-Nr. 2602
36,- DM/sFr/263,- öS/18,40 €

Die Zoo-Werkstatt
Iris Odenthal, Karolin Willems
Ab Kl. 3, 75 S., A4, Papph.
ISBN 3-86072-476-2
Best.-Nr. 2476
38,- DM/sFr/277,- öS/19,50 €

Die Müll-Werkstatt
Iris Odenthal, Karolin Willems
Ab Kl. 3, 64 S., A4, Papph.
ISBN 3-86072-563-7
Best.-Nr. 2563
35,- DM/sFr/256,- öS/17,90 €

Die Herbst-Werksta
Sabine Willmeroth, Anja Rösgen
Ab Kl. 2, 76 S., A4, Papph.
ISBN 3-86072-439-8
Best.-Nr. 2439
38,- DM/sFr/277,- öS/19,50

Die Winter-Werksta
Sabine Willmeroth, Anja Rösgen
Ab Kl. 2, 74 S., A4, Papph.
ISBN 3-86072-440-1
Best.-Nr. 2440
38,- DM/sFr/277,- öS/19,50

Die Regenwurm-Werkstatt
Corinna Locker
Kl. 3–4, 57 S., A4, Papph.
ISBN 3-86072-435-5
Best.-Nr. 2435
31,20 DM/sFr/228,- öS/16,- €

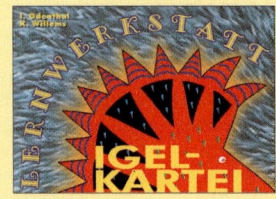

Die Igel-Kartei
Eine Lernwerkstatt
Iris Odenthal, Karolin Willems
Ab Kl. 3, 60 S., A4, Papph.
ISBN 3-86072-345-6
Best.-Nr. 2345
33,20 DM/sFr/242,- öS/17,- €

Die Stein-Werkstatt
Marina Wißler, Kathrin Zindler
Ab Kl. 3/4, 70 S., A4, Papph.
ISBN 3-86072-441-X
Best.-Nr. 2441
38,- DM/sFr/277,- öS/19,50 €

Die Frühlings-Werk
Sabine Willmeroth, Anja Rösgen
Ab Kl. 2, 75 S., A4, Papph.
ISBN 3-86072-399-5
Best.-Nr. 2399
38,- DM/sFr/277,- öS/19,50

Die Sommer-Werks
Sabine Willmeroth, Anja Rösgen
Ab Kl. 2, 75 S., A4, Papph.
ISBN 3-86072-472-X
Best.-Nr. 2472
38,- DM/sFr/277,- öS/19,50

Verlag an der Ruhr · Postfach 10 22 51 · D-45422 Mülheim an der Ruhr
Tel.: 0208/4950 40 · Fax: 0208/4950 495 · e-mail: info@verlagruhr.de · http://www.verlagruhr.de

Werkstatt *Unterricht*

Es war einmal ...
Eine Werkstatt zu Märchen
Christine Mell
Ab Kl. 3, 58 S., A4, Papph.
ISBN 3-86072-471-1
Best.-Nr. 2471
31,20 DM/sFr/228,- öS/16,- €

Nordrhein-Westfalen
Eine Werkstatt
Anne-Mareike und Rainer Endrigkeit
Ab Kl. 3, 71 S., A4, Papph.
ISBN 3-86072-582-3
Best.-Nr. 2582
38,- DM/sFr/277,- öS/19,50 €

Die Kartoffel-Werkstatt
Sabine Willmeroth, Anja Rösgen
Ab Kl. 3/4, 76 S., A4, Papph.
ISBN 3-86072-382-0
Best.-Nr. 2382
38,- DM/sFr/277,- öS/19,50 €

Die Schokoladen-Werkstatt
Caroline Dröge
Ab Kl. 3, 65 S., A4, Papph.
ISBN 3-86072-558-0
Best.-Nr. 2558
36,- DM/sFr/263,- öS/18,40 €

Die Weihnachts-Werkstatt
Sabine Willmeroth, Anja Rösgen, Brigitte Moll
Ab Kl. 2, 62 S., A4, Papph.
ISBN 3-86072-469-X
Best.-Nr. 2469
38,- DM/sFr/277,- öS/19,50 €

Die Europa-Werkstatt
Anne-Mareike und Rainer Endrigkeit
Ab Kl. 3, 70 S., A4, Papph.
ISBN 3-86072-473-8
Best.-Nr. 2473
38,- DM/sFr/263,- öS/19,50 €

Vom Acker zum Bäcker
Eine Werkstatt zu Korn und Co.
Sabine Willmeroth, Anja Rösgen
Ab Kl. 2, 60 S., A4, Papph.
ISBN 3-86072-560-2
Best.-Nr. 2560
38,- DM/sFr/277,- öS/19,50 €

Von der Kuh in den Kühlschrank
Eine Milch-Werkstatt
Katja Rodemann
Ab Kl. 3, 58 S., A4, Papph.
ISBN 3-86072-604-8
Best.-Nr. 2604
36,- DM/sFr/263,- öS/18,40 €

Die Zeit- und Uhren-Werkstatt
Frauke Jansen
Ab Kl. 2, 59 S., A4, Papph.
ISBN 3-86072-451-7
Best.-Nr. 2451
33,20 DM/sFr/242,- öS/17,- €

Löwenzahn und Frühlingswiese
Eine Werkstatt
Ursula Arndt
Ab Kl. 2, 72 S., A4, Papph.
ISBN 3-86072-477-0
Best.-Nr. 2477
38,- DM/sFr/277,- öS/19,50 €

Leonardo da Vinci für Kinder
Eine Werkstatt *Neu!*
Barbara Schubert
Ab Kl. 3, 61 S., A4, Papph.
ISBN 3-86072-603-X
Best.-Nr. 2603
36,- DM/sFr/263,- öS/18,40 €

Blaues Pferd und grüne Kuh
Eine Franz Marc-Werkstatt
Ab Kl. 1, 46 S., A4, Papph.
ISBN 3-86072-484-3
Best.-Nr. 2484
31,20 DM/sFr/228,- öS/16,- €

„... er hat überhaupt nicht gebohrt!"
Eine Werkstatt zur Zahngesundheit
Sabine Willmeroth, Brigitte Moll
Ab Kl. 2, 75 S., A4, Papph.
ISBN 3-86072-561-0
Best.-Nr. 2561
38,- DM/sFr/277,- öS/19,50 €

Von den Sinnen
Eine Werkstatt
Michelle O'Brien-Palmer
Ab Kl. 2, 65 S., A4, Papph.
ISBN 3-86072-599-8
Best.-Nr. 2599
36,- DM/sFr/263,- öS/18,40 €

Verlag an der Ruhr · Postfach 10 22 51 · D-45422 Mülheim an der Ruhr
Tel.: 0208/495040 · Fax: 0208/4950495 · e-mail: info@verlagruhr.de · http://www.verlagruhr.de

Spielend lernen

Der wahre Wilde Westen
Basteln, Kochen, Spielen, Lernen zum Alltag der Cowboys und Siedler Nordamerikas
Laurie Carlson
8–11 J., 150 S., A4-quer, Pb.
ISBN 3-86072-567-X
Best.-Nr. 2567
38,20 DM/sFr/279,- öS/19,60 €

Wie die Indianer wirklich lebten
Basteln, Kochen, Spielen, Lernen zum Alltag der Ureinwohner Nordamerikas
Laurie Carlson
8-11 J., 189 S., A4-quer, Pb.
ISBN 3-86072-566-1
Best.-Nr. 2566
38,20 DM/sFr/279,- öS/19,60 €

Wir spielen Griechen und Römer
Eine Mappe zum Basteln, Malen, Kochen, Spielen, Lernen
Laurie Carlson
8-11 J., 180 S., A4-quer, Pb.
ISBN 3-86072-480-0
Best.-Nr. 2480
38,20 DM/sFr/279,- öS/19,60 €

Wir spielen Mittelalter
Eine Mappe zum Basteln, Malen, Kochen, Spielen, Lernen
Laurie Carlson
Ab 8 J., 176 S., A4 quer, Pb.
ISBN 3-86072-380-4
Best.-Nr. 2380
38,20 DM/sFr/279,- öS/19,60 €

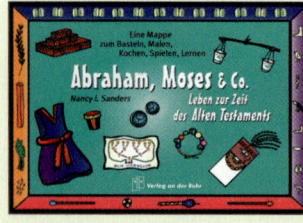

Abraham, Moses & Co.
Leben zur Zeit des Alten Testaments
Eine Mappe zum Basteln, Malen, Kochen, Spielen, Lernen
Nancy I. Sanders
8-11 J., 148 S., A4-quer, Pb.
ISBN 3-86072-485-1
Best.-Nr. 2485
38,20 DM/sFr/279,- öS/19,60 €

Literatur-Werkstatt: „Elmar"
Ursula Arndt

So abwechslungsreich und fröhlich wie Elmars Leben im Urwald ist auch diese Literatur-Werkstatt: Die Kinder schreiben Elmar-Geschichten und Steckbriefe zu seinen Freunden, weben Elefanten-Muster, erfinden Bilder-geschichten, basteln Finger- und Stabpuppen oder rechnen ganz nach Elefanten-Art. Schon nach kurzer Zeit verwandelt sich der Klassenraum in einen Urwald voller bunter Elefanten.
Ab Kl. 1, 67 S., A4, Papph.
ISBN 3-86072-606-4
Best.-Nr. 2606
36,- DM/sFr/263,- öS/18,40 €

Sachrechnen: So geht's
Thema: Tiere – 3. und 4. Schuljahr

Cornelia Kachouh

Pinguin-Babies wiegen bei der Geburt nicht mehr als ein großer Apfel, die Zunge des Blauwals ist so dick, wie der Klassenraum hoch ist. Mit Sachaufgaben aus dem Tierreich wird Mathematik erst so richtig interessant. Hier geht es endlich mal um etwas Spannendes – wer weiß schon auf Anhieb, wie viele Kinder sich aufeinander stellen müssten, damit sie so groß sind wie eine Giraffe oder wie viele kg d Pinguine während ihres Sommerurlaubs abnehmen. Ob Hund, Grizz lybär oder Känguru: Die Kinder üben die Grundrechenarten mit lust gen und aufregenden Beispielen aus der Tierwelt. Damit alles verständlich bleibt, werden die Fakten immer in Relation zum Kinderalltag und zum eigenen Leben gesetzt. Informative Textblätter zu d Tieren laden zum Staunen, Lachen und Weitermachen ein. Wenn d Ameise das 100fache ihres Körpergewichts ziehen kann, wie viel müsste der Schüler dann ins Schlepptau nehmen?
Kl. 3–4, 66 S., A4, Papph.
ISBN 3-86072-605-6
Best.-Nr. 2605
35,- DM/sFr/256,- öS/17,90 €

Verlag an der Ruhr
Postfach 10 22 51 • D–45422 Mülheim an der Ruh
Alexanderstr. 54 • D–45472 Mülheim an der Ruhr
Tel.: 0208/49 50 40 • Fax: 0208/495 0 495
e-mail: info@verlagruhr.de • http://www.verlagruh

Bestellschein

☐ Bitte senden Sie mir Ihren Gesamtkatalog.
☐ Hiermit bestelle ich den/die unten aufgeführte

Anzahl	Best.-Nr.	Titel
_____	_____	_____
_____	_____	_____
_____	_____	_____
_____	_____	_____
_____	_____	_____

Name _____
Straße / Nr. _____
PLZ / Ort _____
e-mail _____
Schulform / Fach _____
Datum / Unterschrift _____

Verlag an der Ruhr · Postfach 10 22 51 · D–45422 Mülheim an der Ruhr
Tel.: 0208/495040 · Fax: 0208/4950495 · e-mail: info@verlagruhr.de · http://www.verlagruhr.de